Helga Duffek-Kopper

„Heiligengeistplatz – alles umsteigen!“

Helga Duffek-Kopper

„Heiligengeistplatz – alles umsteigen!"

Rückblicke. Einblicke.

VERLAG JOHANNES HEYN

Klagenfurt, 1997
Druck: Druckerei Theiss GmbH, A-9400 Wolfsberg
ISBN 3-85366-862-3

Einleitung

Merkwürdig – in den vielen Bildbänden über Klagenfurt, in den vergilbten schwarz-weißen, aber auch in den moderneren, farbigen, gibt es kein Bild des Heiligengeistplatzes aus der Nachkriegszeit, jedenfalls keines, das ihn in voller Ausdehnung zeigt. Der Neue Platz (jener Platz, auf dem der Lindwurm nach langer, restaurierungsbedingter Einhausung nun wieder zu sehen ist und auch sein Bezwinger, der keulenschwingende Herkules), der Alte Platz, der Benediktinerplatz sind weitaus beliebtere Motive. Sie sind vermutlich auch historisch bedeutsamer, geschichtsträchtiger. In Vorwahlzeiten spielen sie eine wichtige Rolle im Leben der Stadt. Mehr oder weniger gut besuchte Auftakt- und Schlusskundgebungen finden auf dem Alten und/oder Neuen Platz statt, aber auch Lichterketten, Informationsveranstaltungen politischer, wirtschaftlicher, religiöser und kultureller Art, Weihnachts- und Ostermärkte, Chor- und sogar Hundesportwettbewerbe. Delegationen formieren sich vor dem Rathaus, wo auch der frühsommerliche Volkslauf und der „Tanz um den Lindwurm" gestartet wird. Der Benediktinerplatz wiederum ist ein werktägliches Kommunikationszentrum und besonders an

Markttagen eine beliebte Kulisse für Politiker, die ihre Volksnähe demonstrieren wollen.
Der Heiligengeistplatz ist veranstaltungsfrei. Er ist bloß ein Verkehrszentrum, heute ein Stadtwerke-Autobus-Zentrum. Hier steigt man aus, ein und um. Hier hält man sich nur zu Wartezwecken auf. Der Heiligengeistplatz gibt nichts her, auch nicht nach seinem jahrelangen Umbau, der mit dem Fällen aller Bäume, dem Abriss der „Ratzenburg" und dem Bau eines nostalgisch anmutenden Geschäfts- und Ärztehauses begann und mit der Errichtung einer neuen Wartehalle samt undefinierbarem Informationsturm vorläufig endete. Die meisten Klagenfurter und Klagenfurt-Besucher meinen, nach dem Umbau sei der Platz noch hässlicher geworden, obwohl er in einer überregionalen Zeitung heftiges Stadtplaner-Lob erhalten hat. Autofahrer haben keine Freude mit dem Heiligengeistplatz, weil die Fahrbahn noch enger geworden ist, damit ihnen die Fahrt durch die Innenstadt vergrault wird.
Ich liebe ihn aber immer noch, diesen Heiligengeistplatz, diesen Mittelpunkt, von dem alle Wege in die Stadt führen, obwohl er alt, grau und kahl geworden ist. Wie oft bin ich hier angekommen, mit der Straßenbahn aus der Richtung Klagenfurt-See: Heiligengeistplatz, alles aussteigen, alles umsteigen. Durch die Villacher Straße zuckelt die Klagenfurter Straßenbahn, Triebwagen, geschlos-

sener Beiwagen, offener Sommerwagen, knirscht entlang des Lendkanals, hält an jeder Brücke, zwängt sich durch die Enge des früheren Villacher Tores, links die Konditorei Kastner, die Löwenapotheke, das Dorotheum, das Römerbad mit Resten der Stadtmauer, rechts das alte Gasthaus „Zur Stadt Triest“, noch kein scheußliches Rothauer-Hochhaus, vorbei am mächtigen Stauderhaus, das den Blick auf den damals noch baumbestandenen Platz verstellt. Heiligengeistplatz – Endstation. Heiligengeistplatz – umsteigen in Richtung Bahnhof, in Richtung Kreuzbergl, in Richtung Annabichl. In Annabichl dehnt sich der Zentralfriedhof aus. In Annabichl haben wir unseren Vati begraben. Auch eine Endstation.

Heiligengeistplatz – Anfangsstation. Wartestation. Eine Zeit lang bin ich mit dem Zug zur Schule gefahren. Die Veldener, Töschlinger, Pörtschacher, Pritschitzer und Krumpendorfer Schülerinnen steigen bei der Eisenbahnhaltestelle Klagenfurt-Lend aus, an der „Steinernen Brücke“. Bei schönem Wetter gehen wir zu Fuß in die Ursulinenschule, in unser Gymnasium. Die Buben, die in die Realschule oder ins Eggermann-Gymnasium gehen, fahren weiter, sie gelangen vom Hauptbahnhof aus schneller in ihre Schulen. Wir haben es nicht sehr eilig, darum schlendern wir entlang des brackigen Lendkanals in Richtung Stadt, in Richtung Heiligengeistplatz, durch die baumbestandene Tarviserstraße, in der keine Autos fahren, vorbei an der Rizzibrücke, an der evangelischen Kirche, über die Elisabethbrücke oder durch die verwinkelten Althäuser des Lendhafens, über den Heiligengeistplatz, vorbei am Steinernen Fischer in seiner Nische, dem wir kurz auf seine verschränkten Beine, auf seinen Kescher klopfen („So lang wil ich da bleiben stan, pis mier meine Füsch und Khrebs abgan…“) zur Schule, zum Ursulinenkloster. Die Straßenbahn fährt auf der anderen Seite des Kanals und ist nicht viel schneller als wir. Bei schlechtem Wetter oder im Winter schwindeln wir uns schon bei der Eisenbahnstation, bei der Kreuzung von Bahn- und Straßenbahngeleisen, in eine Straßenbahn, wenn's sein muss, auf die Trittbretter des Sommerwagens, weil man bei Gefahr – wenn der Schaffner kommt oder gar der Kontrollor – abspringen kann, straßenseitig natürlich, und fahren schwarz bis zum Heiligengeistplatz. Später benützen wir offiziell die Tramway und auch den Obus, der von der Endstation Krumpendorf-Leinsdorf nach Klagenfurt-See und später, als die See-Linie der Straßenbahn aufgelassen wird, bis zum Heiligengeistplatz fährt; wir besitzen Wochenkarten, Monatskarten. Dann drängen wir uns auf den hölzernen Boden-Lattenrosten der hinteren Plattform zusammen, wir, unsere Mädchen-Clique, die „GHESAH“-Bande, Gilda, Heidi, Erika,

Susi, Annele, Helga. Bis zur Endstation Heiligengeistplatz, alles aussteigen. Die Susi und das Annele gehen vor der Schule in die Ursulinenkirche, zum Beichten, zur Kommunion. Wir anderen, wir „Ungläubigen" oder „Ketzerinnen", wie damals die Evangelischen noch genannt wurden, wir bummeln zur Schule, die gleich um die Ecke liegt, am Anfang der Ursulinengasse. Ursulinengasse 3, gegenüber dem Landhaushof.
Der Heiligengeistplatz ist ein Treffpunkt. Hier werden Rendezvous ausgemacht und meist auch eingehalten. In seiner Mitte steht die Pestsäule. Selten benützen wir die Wartehalle, in der die Verkehrsbetriebe untergebracht sind und ein unterirdisches Klo. Vieles hat begonnen am Heiligengeistplatz, vieles geendet.
Am Heiligengeistplatz, im Stauderhaus, befindet sich auch das Café Perstinger. Die Evi, unsere Klassenschönste, pflegte dort so manche geschwänzte Schulstunde zu verbringen. Meiner Erinnerung nach habe ich es erstmalig nach meiner Matura betreten, am Tage der Maturafeier, zusammen mit ein paar nicht heimgehen wollenden, endlich für „reif" erklärten Backfischen, in Begleitung des Englischprofessors, des Religionsprofessors „Onkel Wolf" und des Direktors, unseres alten, ruppigen Direx. Im ersten Stock haben wir feierlich und zeremoniell Bruderschaft getrunken, wurden mit unseren Professoren per

„Du“, bei einem Espresso – dieses „Du“ blieb allerdings einseitig. Geduzt sind wir von unseren Lehrern von der ersten bis zur achten Klasse geworden, andererseits haben wir nie gewagt, auch als Erwachsene nicht, zu einem der respekteinflößenden „Profaxen“ jemals „Du“ zu sagen – Bruderschaft trinken hatte den einzigen Zweck, einen „Bruderschaftskuss“ auszutauschen, natürlich nur auf die Wange! Im Café Perstinger habe ich mich, kaum ein Jahr später, mit meinem schönen Max verlobt, folgenlos; im Café Perstinger, an diesem winzigen Bistro-Tischchen in der dunkelsten Ecke, saß ich Knie an Knie mit dem Mann, dem ich heimlich Geldscheine zusteckte, damit er die Zeche bezahlen konnte, meinem späteren Ehemann. Abgeholtwerden am Heiligengeistplatz. Zur letzten Straßenbahn gebracht werden, nach endloser, abgebrochener Diskussion. Aussteigen aus der Straßenbahn, und niemand ist zum Abholen gekommen. Schluchzend und tränenblind zur letzten Straßenbahn stöckeln, nach einem zerstörenden Streit, allein. In kichernder Backfischgruppe auf die letzte Straßenbahn warten, nach der Theatervorstellung, nach der Premiere. Ob sie wohl auch noch die letzte Tram erreichen, die angebeteten Schauspieler, Sänger, womöglich gar der berühmte Gast? Erhaschen wir Gesprächsfetzen? Wo steigen sie aus – Schattenhof, Klagenfurt-See? Wer mit wem?

Die erste Straßenbahn bimmelt, wenn ich mich recht erinnere, um fünf Uhr früh, oder um halb sechs. Wann benützen junge Mädchen diese erste Straßenbahn? Ich habe es einige Male gemacht, selten, zum Beispiel nach einem Ball, wenn ich nicht bei meiner aller-, allerbesten Freundin übernachten kann. Meist ist als „Anstandsdame“ die Mutti dabei, selbst noch nach der Matura. Das Maturakleid, ein Eigenentwurf, hat eine Rüsche, die nur lose angenäht ist, um ein bodenlanges Abendkleid vorzutäuschen. Nach Ballende, noch in der Garderobe, ziehe ich den Faden heraus, stopfe die Rüsche in eine große Tasche, in der auch die engen Ballschuhe Platz finden, die gegen flache warme Stiefel getauscht werden. Ach, welche Befreiung! Und welch wundersamer Schlaf in dieser ersten Straßenbahn, im ersten Obus nach Hause, im klammen Stockbett im Kinderzimmer der „Villa Mathilde“, inmitten der bereits erwachenden Geschwister…

Auf einer Bank am Heiligengeistplatz warte ich auf den Obus, den Autobus, der mich nach einem langen, anstrengenden Unterrichtstag, nach abendlichen Steno- und Maschinschreibkursen nach Hause bringen wird, in ein Zuhause, das nur eine Übergangslösung sein soll, bis wir uns endlich eine richtige Wohnung leisten können, eine Wohnung, die so groß ist, dass auch ein eigenes Klavier für meinen Mann darin Platz hat, eine Wohnung mit richtigem Kinderzimmer für unsere kleine Tochter. Ich friere auf dieser Bank, dabei liegt einladend und heimelig das Café Perstinger gegenüber. Nein, ich leiste mir keinen Espresso, ich muss sparen. Überdies könnte ich Kollegen oder Kolleginnen meines Mannes treffen, frühere Theaterkollegen, die nach ihm fragen, nach seinem Verbleib, nach seinen nicht vorhandenen Engagements. Er würde es erfahren, dass ich mit ihnen gesprochen habe. Er will das nicht.

Auf einer Bank am Heiligengeistplatz, an einem sonnigen Frühlingstag in den Osterferien, warte ich mit Mann und kleiner Tochter auf den Autobus nach Krumpendorf. Die Straßenbahnlinie ist Jahre zuvor endgültig eingestellt worden. Meine Eltern kommen dazu, der Vati fotografiert die Zweijährige im gehäkelten weißen Wollkleidchen, sie ist fröhlich und aufgeregt. Auf dem Neuen Platz hatte sie Tauben gejagt, ist ihnen mit ihren strammen Baby-Beinen vergeblich nachgelaufen. Er fotografiert die kleine Familie im Autobus. Es werden die letzten Bilder, die uns drei gemeinsam zeigen.

Heiligengeistplatz. Alles umsteigen. Alles aussteigen. Alles einsteigen.

Jahrzehnte ist es her, seit die letzte Straßenbahn, blumengeschmückt, ihre letzte Fahrt angetreten hat. Eine Linie nach der anderen wurde eingestellt. Riesige stinkende Gelenksbusse sind an die

Stelle der geliebten ratternden Triebwagen, Beiwagen, Sommerwagen getreten. Sie sind schaffnerlos, das ist wohl Schaffnerlos. „Es ist verboten, sich während der Fahrt mit dem Fahrer zu unterhalten“, das lasen wir schon in den Triebwagen der Straßenbahn, niemand hielt sich damals daran. Wer hält sich heute daran? Können denn die elektronischen Fahrscheinautomaten ohne Nachfrage, ohne Erklärung durch den Fahrer bedient werden?

Heute lasse ich manchmal, zu selten, das Auto daheim stehen, Parkplätze sind schwer zu finden, und fahre mit dem Autobus in die Stadt, zum Heiligengeistplatz. Der Kurs führt schon lang nicht mehr durch die Villacher Straße, entlang des Lendkanals, durch die Enge des früheren Villacher Tores. Die „Stadt Triest“ wurde abgerissen, das Grundstück blieb unbebaut. Der Bus biegt bei der Paternionerbrücke, wo früher die geheimnisvolle Straßenbahnschleife in dunklem Gebüsch verschwand, nach links in die Kohldorferstraße, vorbei an den Gasthöfen Dermuth und Müller, wo einst unsere angebeteten Schauspieler logierten. Er durchfährt den Ortsteil St. Martin, fährt durch die Alleen der Sterneckstraße, rechts liegt irgendwo das Bachmann-Gymnasium, das von der Ursulinengasse in die Jergitschstraße übergesiedelt ist. Es erhielt erst vor kurzem den Namen der berühmten Klagenfurterin – Ingeborg Bachmann,

sie hat in demselben Jahr an dieser Schule maturiert, in der ich meine Gymnasial-Laufbahn begonnen habe, 1944, dem letzten und schlimmsten Kriegsjahr. Unsere Deutschprofessorin hat uns manchmal von der begabten Schülerin erzählt.
Vor der Ampel an der Kreuzung Villacher Ring-Sterneckstraße muss der Bus anhalten – eine Gelegenheit, zum Café Ingeborg hinzugucken, auch einem beliebten Schulschwänzer-Treff. Die Bäume, die vielen wunderschönen Bäume und Sträucher der Gartenstadt Klagenfurt, denen weder Auspuffgase noch Klimaerwärmung allzuviel anzuhaben scheinen, sie spielen ihr jahreszeitliches Farbenspiel: lindgrün, kirschrosa und forsythiengelb im Frühjahr, sattgrün im Sommer, flammendgelb und erdbraun im Herbst.
Die Bäume am Heiligengeistplatz gibt es nicht mehr. Vielleicht versucht man, neue zu pflanzen, zarte Setzlinge, junge Bäumchen, die der Asphaltwüste ein frisches, jugendliches Gesicht vortäuschen sollen, die die Wunden verdecken, welche der Zeitgeist geschlagen hat. Der Steinerne Fischer hat in dem protzigen Warenhaus keinen Platz gefunden, frei und fast ungeschützt steht er jetzt auf dem Benediktinerplatz, fühlt sich vielleicht wohler im Markttreiben.
Ich habe meine Einkäufe erledigt, dem Steinernen Fischer einen guten Tag gewünscht, habe mich durch die Menschenmassen in den Fußgän-

gerzonen geschlängelt, schlendere bepackt zur Bus-Station am Heiligengeistplatz. Bis zur Abfahrt bleibt noch ein wenig Zeit. Setze ich mich ins Café Perstinger? Wen würde ich dort treffen? Wen kenne ich noch, wer kennt mich? Sie sind alt geworden, die Künstler von damals, weitergezogen, viele leben nicht mehr. Der Himmel hat sich bewölkt. Gleich wird es regnen.
Auch in der neuen Wartehalle mag niemand warten. Die alten Bänke an der Haltestelle sind längst entsorgt. So bleibe ich stehen mit meinen Taschen und Paketen. Der Bus, Linie K, neuerdings mit einer Nummer versehen, wird gleich kommen. Das bisschen Nieseln schadet nicht.
„Heiligengeistplatz" – die grüngelben Buchstaben am einfahrenden Autobus werden ausgetauscht. „Krumpendorf über Klagenfurt-See" ist nun zu lesen. Die Schüler und Schülerinnen drängeln sich vor, wie wir es früher getan haben, schleudern die Schultaschen auf den Boden, besetzen die Plätze ganz hinten und überall, genau wie wir damals, lärmen, kichern, knuffen, rempeln, schnattern, verschlingen, knapp vor dem Mittagessen, die vergessenen Jausenbrote. Ältere Damen mit verkniffenen Lippen nehmen Anstoß an allem und jedem. Den angebotenen Sitzplatz lehnen sie beleidigt ab. Es hat sich wenig geändert.
Herbst ist es wieder geworden. Ein Herbsttag in Klagenfurt.

Herbsttag

Herr: es ist Zeit. Der Sommer war sehr groß.
Leg deinen Schatten auf die Sonnenuhren
und auf den Fluren laß die Winde los.

Befiehl den letzten Früchten voll zu sein;
gib ihnen noch zwei südlichere Tage,
dränge sie zur Vollendung hin
und jage die letzte Süße in den schweren Wein.

Wer jetzt kein Haus hat, baut sich keines mehr.
Wer jetzt allein ist, wird es lange bleiben,
wird wachen, lesen, lange Briefe schreiben
und wird in den Alleen hin und her
unruhig wandern, wenn die Blätter treiben.

Rainer Maria Rilke

1. Kapitel

Herr: es ist Zeit.
Der Sommer war sehr groß

Der Sommer, der keiner war, ist vorbei. Seit gestern schreiben wir sogar nach dem Kalender Herbst. Meteorologisch mussten wir den Sommer bereits im Juni begraben, nach drei wundervollen, viel zu heißen Wochen, die den Wörthersee auf 27 Grad aufgeheizt haben, zu schnell, zu früh, zu überraschend. Schon wieder so ein heißer Sommer, ach, das Ozon, ach, die Sonnenbrände, ach, diese Mattigkeit, der Überdruss, der auf uns zukommen wird, einen Sommer lang. Wir haben vorbeugend im Juni die Vorhänge am Morgen zugezogen, damit uns die Hitze verschont. Wir haben uns mit Sonnencreme eingedeckt – wird Lichtschutzfaktor 12 genügen, sollten wir uns Faktor 15 besorgen, in Australien beginnt man erst ab 20 zu zählen? Die Enkelkinder werden wieder kommen, blasse, zarte Großstadthaut, bloß keine Rötung, bloß keinen Sonnenbrand, die Haut vergisst nichts. Sie werden schwimmen lernen im Bad Stich, die Sandkiste steht in unbarmherziger Vormittagssonne. Man sagt und schreibt, dass man Sonnenbrand auch unter Wasser bekommen kann. Und später einmal Melanome.

Großmuttersorgen.
Mein Jessie-Hund geht ins zehnte Hundejahr. Wie wird sie diesen heißen Sommer überstehen? Ihr Fell ist schwarz und dicht, ein bisschen zu fett ist sie geworden. Soll ich sie überhaupt noch im heißen Auto mitnehmen oder in der kühlen Wohnung lassen, tagsüber?
Wieder ein glühender Sommer im Bad Stich: Tage, die keine Abkühlung bringen, Abende, die in eine nur wenig kühlere Nacht überleiten. Ich sollte einen weiteren Sonnenschirm kaufen – zwei reichen nicht für Tochter und Enkelkinder und mich. Sonnenschirme im Bad Stich, ein Luxus, den wir uns seinerzeit, damals, nie leisten konnten. Wenn es heiß wurde, sprangen wir Kinder ins Wasser, ohne uns vorher abzukühlen. Wenn es heiß wurde, zogen wir Jugendlichen uns in den Schatten zurück, mit den Schulbüchern, aus denen wir für die Prüfungen zum Schuljahrsende lernen sollten, mit den Mitschriften für die Matura, mit Liebesromanen und ersten Krimis. Wenn es heiß wurde, retteten wir Erwachsenen uns auf die Terrasse unter dem großen Kastanienbaum, bestellten einen Eiskaffee, einen weißen Spritzer, einen Radler. Kaum jemand orderte Mineralwasser: Wasser trinkt man aus der Wasserleitung im Vorraum der Damentoilette. Danach ein Einnicken irgendwo im Schatten, am Rand der Liegewiesen, dort, wo der Boden grün, unzer-

trampelt und feucht ist, ein Schläfchen auf durchhängender Liege, ein Gleiten in einen Schlaf, der nirgendwo so entspannend, so angstfrei, so bunt und beruhigend ist wie in einem sommerlichen Familienbad, wie im Bad Stich: Geräusche und Melodien begleiten dich, an die du dich unter Aufbringen aller Fantasie in grauen, depressiven Spätherbst- und Winternachmittagen oder Abenden zu erinnern versuchst. Babys schluchzen sich in den Schlaf, Kleinkinder kreischen im Sandkasten, Mütter warnen vor Wespen, Bienen, spitzen Steinen und Glasscherben, kleine Mädchen quietschen im flachen Wasser, Buben gebärden sich laut beim „Fangenze", beim Abfangen; seit Jahrzehnten hat sich der Begriff nicht geändert. Wasserfontänen spritzen beim verhauten und gelungenen Köpfler, bei der „Arschbombe", beim Salto vorwärts oder rückwärts. Von der Nebendecke grummelt kaum verständliches Gemurmel, Smalltalk, die Preise im Ort und anderswo, vertrauter Dialekt, italienische Satzfetzen, o du liebs Herrgöttle von Biberach, die Schwaben sind wieder da, jo mei, die Münchner vom Vorjahr, und bald kommen auch die Wiener.

So hätte es auch heuer sein sollen, so hätte es werden können. Doch Mitte Juni hat sich der Sommer, meteorologisch, verabschiedet, bevor wir die überraschenden Äquatortage, 30, 32, 34 Grad im Schatten, wahrgenommen oder gar ausgenützt haben. Zwar gab es auch nach dem ersten Temperatursturz manchmal Sonnentage, Sonnenhalbtage, aber kein einziges sonniges Wochenende mehr, keinen Tag, der die 30-Grad-Grenze überschritt, keine Ozonbelastung, keinen Sonnenbrand. Die Kinder haben schwimmen gelernt und köpfeln, wir sind mit den Sonnenschutzcremen ausgekommen, deren Ablaufdatum aus dem Vorjahr stammte. Den Kauf eines weiteren Sonnenschirmes habe ich mir erspart. Der Sommer, der keiner wurde, ist endgültig vorbei.

Ach, Florentina, meine Kleine, meine Tapfere. Weißblond ist dein Haar geworden, milkabraun deine Haut, in diesem Sommer, der seinen Namen nicht verdient hat. Immer noch bist du knubbelrund und babyspeckig, wenn du auch sichtlich gewachsen bist in diesen zwei Monaten. Aus dem Unterwasserschwimmen ist ein Schwimmen geworden mit dem Kopf aus dem Wasser, Kopfstände unter Wasser hast du geübt, verwackelte Kopfstände auf der Wiese, Rad schlagen… du hast dich getraut, von der dritten Stiege zu köpfeln, standest schon in der richtigen Haltung auf der Brücke. Beinahe hättest du beim Köpfeln deine ältere Schwester überholt, zum Glück fehlten dazu ein paar Badetage, sie hätte es dir nie verziehen. Deine große Sommerliebe vom vorvorigen Jahr, der blauäugige elfjährige Christof, sie wurde dir ein bisschen peinlich – willst du von ihm angesprochen werden oder lieber nicht? Manchmal habe ich Tränen in deinen Augen gesehen, Tränen der Unsicherheit, und dein Kinderherz hat so geklopft, dass ich es sehen konnte unter deinen Rippen, unter der samtigen Babyhaut. Ach, Raffaela, meine Große, meine Nachdenkliche. Ein kleines Fohlen bist du geworden in diesem Sommer, langbeinig, knochig, unbeholfen. Wenn deine kleine Schwester große Kunststücke zeigen konnte, wolltest du wenigstens kleine vorführen. Buben interessieren dich nicht mehr und noch nicht. Tränen habe ich auch bei dir gesehen, Tränen der Enttäuschung, wenn dich der Mut verlassen hat, wenn du das Köpfeln zwar im Kopf, aber nicht in den Beinen hattest.

Nun seid ihr wieder in eurer Großstadt, die Schule, der Kindergarten hat begonnen. Meine Süßen, es wird ja wieder ein Sommer werden, vielleicht, im nächsten Jahr, ein Sommer wie aus Kindertagen...

Ein Gutes hat der Abschied von einem Sommer, der keiner war. Der Abschied tut nicht so weh wie sonst. Es gießt nämlich in Strömen. Ich war, um zum siebenten Mal und endgültig „Auf Wiedersehen" zu sagen, gegen Mittag im Bad Stich. Viele Abschiedsnachmittage und -abende sind üblich geworden in den letzten Jahren: offizielle, inoffizielle, familiäre und ganz persönliche. Bei allen diesen Abschiedsfesten war ich heuer dabei.

Bei allen diesen Abschiedsfesten hat es heuer geregnet, geschüttet. Der Blick zur Sandkiste, in der sich vergessenes knallbuntes Plastikspielzeug türmt, rote Gießkannen, gelbe Siebe, blaue, lila und grüne Förmchen, rote und knallblaue Eimer mit und ohne Henkel, die zwei Metallschaufeln mit Holzgriff, um die es erbitterte Kämpfe gab, ein mehrfarbiger Traktor mit drei Rädern – dieser Blick schmerzt heuer nicht so schneidend wie in den Jahren davor, als das Spielzeug, als die Sandkiste im Abendsonnenschein des warmen Spätherbsttages lag, ebenso kinderleer wie heute, doch so lebendig, als ob im nächsten Augenblick die Winzlinge, die „Einheimischen" und die „Sommerfrischler-Kinder" aus allen Kabinen auf das Werkzeug stürzen, die Sandkiste in Besitz nehmen würden, weil ein neuer Ferientag beginnt.
Nie waren die Liegewiesen in den Septembertagen so grün wie heuer – wenig benützt, kaum niedergetreten. Die Enten haben die nassen grünen Flächen unter ihren Familien aufgeteilt, Enten, die sich den ganzen Sommer lang zwischen den wenigen Badenden getummelt hatten, weniger frech als das Schwanenpaar mit seinen fünf grauen Jungen, weniger ängstlich als die eiförmigen fiepsenden Blässhühner, die sich heuer erstmalig an das Ufer, in die Nähe fütternder Hände wagten.
Meine Jessie darf endlich auf die leere Wiese, auf der sonst Hundeverbot herrscht. Sie möchte gern

die Enten jagen, doch die Wiese ist ihr zu nass. Sie fordert mich nicht einmal auf, einen Ball ins Wasser zu werfen, um ihm nachzuspringen, ihn zu apportieren.
Sie hat diesen Sommer abgeschrieben, abgehakt. Ich leere das letzte Glas, zum Nulltarif, Einladung der Wirtsleute, die Kasse ist bereits abgesperrt. Ich sage „Auf Wiedersehen“, und „meldet euch einmal“, ich fahre im Schritttempo durch den verregneten Ort, in dem kein einziger Gast (Sommergast! Nachsaisongast!) zu sehen ist, kaum ein Auto mit fremdem Kennzeichen vor leeren Pensionen parkt. Laub, Nüsse, Mostbirnen und Kastanien fallen auf die klitschnasse Promenade. Die Kastanienblätter sind schon lange braun – eine Motte hat erledigt, was saurer Regen und Dürre nicht geschafft haben. Erinnerungen steigen auf, wie jedes Jahr im Herbst, doch heuer um Wochen zu früh.
Wer jetzt kein Haus hat, baut sich keines mehr. Wer jetzt allein ist, wird es lange bleiben, wird wachen, lesen, lange Briefe schreiben…
Raffaela, Florentina – ich habe euch versprochen, die Geschichten weiterzuerzählen, die ich begonnen habe. Ich will versuchen, ein paar bunte, glitzernde Glassteinchen wiederzufinden, die ich damals verloren habe, als das Kaleidoskop meiner Kindheit zerbrach.
Es ist wieder Zeit, mit dem Briefeschreiben, mit dem Schreiben zu beginnen.

2. Kapitel

Leg deinen Schatten
auf die Sonnenuhren

Auch in unserem kleinen Land hat man die Sommerzeit eingeführt. Ich glaube mich erinnern zu können, dass es eine Sommerzeit bereits während des Krieges, in meiner Kindheit, gegeben hat. Die Bauern haben sich schon damals nicht darüber gefreut.

Wenn ich mir nur merken könnte, wie spät es nun „eigentlich" ist – habe ich die Uhren vorgestellt oder zurückgestellt? Wurde mir eine Stunde geschenkt oder genommen? Darf ich nun im Sommer oder im Winter länger schlafen – was mir inzwischen egal geworden ist, weil mich kein Wecker weckt, weil ich keine erste Unterrichtsstunde mehr versäume, weil ich überhaupt schlafen darf, so lange ich will (und prompt zu gewohnt früher Zeit aufwache). Seit beinahe zwei Jahren bin ich, wie man so schön sagt, im wohlverdienten Ruhestand. Wobei „Ruhestand" nicht wörtlich zu nehmen ist.

Ich weiß schon – im Sommer sollten alle Menschen, Einheimische und vor allem Touristen, die lauschigen, warmen, schwülen Abende länger ausnützen können, gemütlich in einem Gastgar-

ten beisammen sitzen, ein Bierchen nach dem anderen leeren oder ein paar Achterln oder mehrere Sommerg'spritzte, auf dass die Wirtsleute mehr verdienen und die Gemeinde sich über ein Plus an Getränkesteuern freuen kann. Zu dieser hehren Absicht steht allerdings die durchaus nicht sommerliche Sperrstundenverordnung im Widerspruch, die einzig und allein geflüsterte Unterhaltungen erlaubt und fröhliches Gläserklirren oder gar das Absingen von Studenten-, Marsch- oder Kärntnerliedern strikt verbietet. Die Touristen verbringen ihren Urlaub in tropischen, sonnengarantierten und vor allem billigeren Ländern, die meisten Einheimischen vermutlich ebenso, und für die unter Gästeschwund leidenden Wirte dehnt sich der sommerzeitverlängerte, gästefreie und daher einsame Abend umso schmerzlicher.
Es wurde also auch über diesen heurigen Sommer, der keiner war, unbarmherzig die Sommerzeit gestülpt, sinnigerweise um einen vollen Monat verlängert, so dass der Normalzustand erst Ende Oktober eintritt. Wie es aussieht, werden wir die ersten Schneefälle dann schon hinter uns haben. Dann beginnt wieder das große Uhrenumstellen – digital und analog, Videorecorder, Heizung, Küchenuhr, Armbanduhren (außer bei denen, die ich schon im März umzustellen vergessen habe und die daher ohnehin die „richtige" Zeit anzeigen, falls nicht die Batterie das Zeitliche

gesegnet hat), Auto, Radiowecker, Taschenrechner. Den Computer lasse ich in Ruhe, da kenne ich mich nicht aus, das gibt nur unverständliche Fehlermeldungen oder gar einen Absturz.
Sonnenuhren müssen nicht umgestellt werden. Sonnenuhren widersetzen sich EU-Übereinkünften und behördlichen Anordnungen. Ob Winterzeit, ob Sommerzeit – sie machen es wie die Sonnenuhr, zeigen die heiteren Stunden nur.
Welche Sonnenuhren? Welche Stunden?
Ich versuche mich zu erinnern.
An dem kleinen Gärtnerhäuschen, das einst zum Krumpendorfer Schloss gehörte, gab es in meiner Kinderzeit eine Sonnenuhr. Sie hat mich immer fasziniert – auch wenn ich nie draufgekommen bin, welche Zeit und Stunde sie anzeigte, nicht einmal bei strahlendstem Sonnenschein. Die Bilder und Stundeneinteilungen waren hübsch anzusehen, obwohl die Farben schon damals, vor fünfzig Jahren ungefähr, verblichen, die Konturen zerlaufen waren. In meiner Erinnerung tanzen schlanke, rosa und hellblau gewandete Nymphen Ringelreihen mit fleischfarbenen dickpopschigen Putten. Leichtfüßig und leichtarmig balancieren die Göttinnen Amphoren und Füllhörner, weit über den Kopf erhoben, gefüllt mit Wein beziehungsweise herausquellenden Früchten. Die Putten zupfen einander neckisch an den Flügelchen, die Ärmchen, Oberschenkelchen und Popos

haben unnatürliche – vor allem in den Hungerzeiten geradezu unanständige – Speckfalten.
Mitten aus dem verblassenden Gemälde am Fries des tempelartigen Gärtnerhäuschens ragt eine schmiedeeiserne Stange, von der der Schatten auf römische Zahlen fällt. Aber Schatten und Zahl stimmen nie mit der tatsächlichen Uhrzeit, die mir die Mutti sagt, überein.
Die Mutti besitzt eine Armbanduhr, schlicht, zweckmäßig, häßlich. Das Glas ist zerkratzt, das metallene Gliederarmband verschmutzt. Ich darf sie ausborgen, wenn ich ins Theater gehe, viel später, in der Oberstufe. Eine eigene Uhr, durchaus keine neue, habe ich erst bekommen, als ich in den Tanzkurs ging und wirklich alle in der Klasse schon Uhren besaßen.
Sonnenuhren faszinieren mich, auch wenn ich sie nie enträtseln kann. Auch andere Uhren haben mich fasziniert, vor allem innen. Die heutigen Swatch-Plastikdinger und praktischen Billiguhren haben kein Innenleben mehr, sondern eine fantasielose Knopfbatterie. Dafür haben sie schön große Ziffernblätter oder Digitalanzeigen, die ich auch ohne Lesebrille ent-ziffere.
Innen lerne ich Uhren kennen, wenn mein nächstgeborener Bruder Werner sie zerlegt. Da gibt es Uhren, die mehrere Steine haben sollen – sie sind nahezu unsichtbar, die kleinen roten Rubine. Goldfarbene winzige Zahnräder greifen in-

einander, die „Unruhe“ bildet das Herz der Mechanik, wer kennt heute noch dieses zuckende Gebilde? Wieder ein Wort, ein Begriff, der verloren gegangen ist. Werner zerlegt die Uhren, er setzt sie auch wieder zusammen. Wenn ich etwas zerlege, bleiben beim Zusammensetzen immer einige Teile übrig.
Da gibt es die echte Schwarzwälder Kuckucksuhr im Kuckuckszimmer der Villa Mathilde, die Begleiterin meiner ersten Kinderjahre, eine Uhr, die immer falsch geht und zur falschen Zeit „Kuckuck“ schreit. Ihre Gewichte sind nachgemachte Tannenzapfen, die eigentlich regelmäßig hinaufgezogen werden sollten, wenn sie tief unten hängen. Das tut aber niemand regelmäßig. Die Zeit stimmt selten, der kleine und der große Zeiger, weiß und schnörkelig, machen, was sie wollen, der Kuckuck hält sich ebenfalls an keine Regeln. Er wird vom Großvater gezähmt, der es sich zur Aufgabe gemacht hat, bei jedem seiner seltenen Besuche zunächst einmal diese Uhr zu reparieren. Weil niemand weiß, wann die Reparatur genau stattgefunden hat, kennt auch niemand die derzeit geltende (genaue?) Zeit.
Damals, in den vierziger Jahren, war eine genaue Zeitansage ziemlich unnötig. Es gab keine Busverbindungen nach Klagenfurt, die Züge fuhren, wann sie wollten bzw. konnten, die Babys wurden gestillt oder gewickelt, wenn sie brüllten, das

Essen kam auf den Tisch, wenn es fertig war. Die genaue Uhrzeit erfuhren wir aus dem Radio, dem alten Volksempfänger, der unausgesetzt lief, weil die Volksgenossen wissen mussten, wann wieder ein feindlicher Fliegerverband im Anflug auf Kärnten war. In den Keller hatte man sich ohnehin unmittelbar nach Ertönen des Voralarms zu begeben, und von da an war „Zeit“ ein höchst relativer Begriff – kurzer Aufenthalt, langer Aufenthalt hing davon ab, wie nah die Bombeneinschläge waren und wie groß die Angst.

In der Volksschule dauerten die Unterrichtsstunden vom ersten Ertönen der Schulglocke – sie wurde mit der Hand geläutet, und zwar vom Herrn Oberlehrer persönlich – bis zum nächsten Glockenton, der das Unterrichtsende anzeigte, vielleicht auch die Vormittagspause. Ob „Stunde“ gleich „Stunde“ war, darüber zerbrach sich wirklich niemand den Kopf.

Der Heimweg von der Schule entzog sich ebenfalls jeder Zeitmessung. In der Erwachsenensprache hätte man sagen können: „Die Schule befindet sich etwa fünf Minuten von unserer Wohnung entfernt.“ Ein Erwachsener konnte durchaus die Entfernung Wohnung – Schule in fünf Minuten gemächlichen Schrittes zurücklegen. Auch ein Kind hätte das schaffen können, vor allem dann, wenn der Erwachsene dieses Kind nicht aus dem eisernen Klammergriff der Erwachsenenhand ausgelassen hätte. Kinder ohne Erwachsene hingegen brauchen Zeit, viel Zeit – mehr als fünf Minuten auf dem Weg zur Schule, viel, viel länger auf dem Heimweg.

Wenigstens das hat sich seit meiner Kindheit nicht geändert… Auch nicht die Tatsache, dass hungernde Volksschulkinder vor fünfzig Jahren genauso wenig zum Mittagessen drängten wie die satten, die übersättigten Kids von heute, weil all die Abenteuer und Ereignisse des Heimwegs jedes Hungergefühl vergessen lassen. Daran hat nicht einmal die Einführung des Schulbusses etwas ändern können. Jetzt dehnen sich eben die wenigen Meter vom Schulbus-Ausstieg bis heimatlichem Herd entsprechend länger. Kinder haben keinen Zeitbegriff.

Heute hole ich mir die genaue Zeit aus der Telefonansage. „Mit dem Summerton ist es … acht Uhrrr … fünfff Minuten… zwannnnzig Sekunden"… Dann renne ich vom Telefon zu der jeweiligen Uhr, um sie genau einzustellen, aber bis ich dort angelangt bin und die Lesebrille aufgesetzt habe, sind ein paar Sekunden oder gar Minuten vergangen, und wieder ist es nichts mit der Genauigkeit. Auf diese Weise zeigt jede meiner Uhren eine von den anderen Zeitmessern ein bisschen abweichende Zeit an – ein, zwei, drei Minuten oder mehr, was soll's. Die geltende Zeit errechne ich mir überschlagsmäßig aus dem

arithmetischen Mittel aller in Verwendung stehenden Chronometern.
Wir pflegen ja in Kärnten genau zu unterscheiden zwischen der Zeitangabe „Wir treffen uns UM 12 Uhr“, was bedeutet, genau um 12 Uhr, sine tempore sozusagen, und „Wir treffen uns UMA zwölfe“. Dies allerdings heißt nicht „cum tempore“, also eine Viertelstunde später, sondern es handelt sich um eine Zeitspanne, die sich in kaum bestimmbarem Abstand rund um die angegebene Uhrzeit bewegt. Halb zwölf? Dreiviertel zwölf? Zehn, fünf Minuten vor, nach zwölf? Womöglich gar Punkt zwölf? Es könnte auch viertel eins werden (was nicht viertel nach eins gleichzusetzen ist, denn das wäre zu spät, nämlich viertel zwei, ist gleich dreizehn Uhr fünfzehn, also eher „UMA eins“). Wer weiß.

Ich versuche mich zu erinnern.
Früher (seinerzeit, damals) hatten wir kein Telefon mit Zeitansage, wir hatten auch keine Sekundenzeiger, die lernte ich erst viel, viel später kennen. Es gab also keine genaue Zeit. Ausgenommen waren die paar Tage nach erfolgter Reparatur der Kuckucksuhr im Kuckuckszimmer, was aber, wie gesagt, irrelevant war, weil die Genauigkeit einfach niemand zur Kenntnis nahm.
Später pflegten in unserer Familie die meisten Uhren grundsätzlich einige Minuten vorzugehen.

Das war in den Jahren, als die Züge sich langsam an Fahrpläne gewöhnten, als der Vati wieder eine Anstellung in der Schule hatte, als ich ins Büro ging und die älteren Geschwister in städtische Schulen und wir alle den Frühzug erreichen mussten. Da hat die Mutti die große Wohnzimmeruhr im neuen Haus und die Küchenuhr in der neuen Küche so manipuliert, dass wir vom Frühstückstisch aus den drohend vorauseilenden Minutenzeiger voller Panik anstarrten und gleichzeitig gedanklich zurückstellten – der Zug fährt in zehn Minuten – in sieben Minuten – die Schranken gehen schon zu! (Es handelte sich um die nächstliegenden Schranken in der südlichen Kochstraße – der Bahnhof war rund einen Kilometer entfernt). Trotz vorgehender Uhren verließ grundsätzlich niemand das Haus, bevor nicht das Schrankenläutwerk zu hören war. Erst wenn das metallische Bim-Bim ertönte, rasten alle, am Frühstücksbrot kauend, im Laufschritt den Abkürzungsweg in Richtung Bahndamm, wo der Zug bereits an uns vorbeifuhr und wir alle jedesmal keuchend den letzten Waggon erreichten. Fast jedesmal, zumeist alle – denn nicht immer ging der morgendliche Trab so aus, dass es alle schafften – mal blieb der eine, mal die andere, nach Luft japsend, sich die Seiten haltend, zurück, um sich die Ausrede zurechtzulegen, warum schon wieder die erste Unterrichtsstunde versäumt wurde.

Und dann bekommt Krumpendorf eine Obuslinie. Die Haltestelle ist nicht mehr so weit entfernt wie der Bahnhof, was aber nicht bedeutet, dass unser Frühsport ein Ende hat. Wer zuerst mit dem Frühstücken fertig ist, stellt sich ans Gartentor und beobachtet die Kochstraße, an deren Einmündung in die Hauptstraße sich die Haltestelle befindet. Zur Stoßzeit knapp vor sieben Uhr – nur wenige Dorfbewohner besitzen schon ein Auto – zieht eine geschlossene Karawane von Schulkindern, Beamten, Angestellten und Arbeitern über die schmale Straße. Allmählich lichtet sie sich, nur vereinzelte Spätlinge sind zu sehen, die ihren Schritt schon beschleunigen. Wenn nahezu niemand mehr auf der Kochstraße zu sehen ist, wird es spannend, heißt es, zum Aufbruch zu drängen. Dann nämlich ist es nicht nur höchste, sondern allerhöchste Zeit. Es gehört zum Morgensport, den bereits anfahrenden Bus noch einmal zum Anhalten zu bringen. Die meisten Bus-Chauffeure kennen wir persönlich, sie sind Krumpendorfer und nicht aus der Stadt – die netten Zussner-Brüder mit ihren feschen Chauffeurskapperln zum Beispiel, die bleiben immer stehen und öffnen noch einmal die Vordertür.

Sie sind wirklich nett und fesch, vor allem im Prunk und im Schutz der Uniform, und deshalb setze ich beide auf meine „Schwarmliste“, penibel angefertigt in der siebenten Klasse. Sie drücken auch öfter ein Auge zu, wenn wieder einmal der Schülerausweis unauffindbar ist.

Noch heute träume ich den immer wiederkehrenden Traum: Ich bin zu spät. Ich renne aus dem Haus (im Nachthemd, bisweilen auch völlig nackt). Ich komme zur Kochstraße. Die Straße ist leer. Sie ist nicht mehr eben, plan, waagrecht, sondern beginnt sich aufzurichten, bis sie nahezu eine Senkrechte bildet. Oben, ganz oben, steht der Obus und setzt sich in Bewegung. Ich beginne schneller zu laufen, doch meine Beine gehorchen nicht. Sie stecken in einer zähen Masse, ich kann mich nicht bewegen. Ich ändere meine Gangart. Ich werde zu einem Hasen, zu einem Kaninchen: Meine Hände mutieren zu Vorderläufen, ich stoße mich mit diesen Läufen vom Boden ab, immer noch im Nachthemd oder nackt, die Hinterläufe stoßen sich ab, ich hopple, immer schneller werdend, die steile Straße hinauf. Aus dem Obus grinsen Masken, Fratzen, schwarze Augenhöhlen, schwarz aufgerissene fletschende Münder. Die Zussner-Brüder bemühen sich vergeblich, die Vordertür aufzukriegen. Sie klemmt, und ich muss verzweifelt zusehen, wie der Obus an mir vorbeifährt. Ich bleibe allein zurück.

Als ich dann selbst unterrichtete, war es praktisch, dass meine Armbanduhr einige Minuten nachging. Aus diesem Grunde läutete es stets ein bisschen früher, als es auf Grund des Minutenzeigers hätte läuten müssen. Was – ist die Stunde schon aus? Na, seht ihr, wie spannend der Unterricht war.

Vierzig Jahre Berufstätigkeit, davon mehr als dreißig Jahre Unterrichtstätigkeit mit genauem Stundenplan, vierzig Jahre Fahrplan, Schulglocke, Pausenklingel, Unterrichtsende, Dienstschluss – mein Verhältnis zur Zeit kann ja gar nicht ungestört sein.

Woraus aber entstand meine beinahe neurotische Angst, zu spät zu kommen, eine Angst, die sich im Generationensprung auf meine ehrgeizige Enkelin, auf dich, meine Raffaela, übertragen hat? Immer noch ist es mir lieber, dass ich eine halbe Stunde auf jemanden warte – auf das Abgeholtwerden in meiner Wohnung, im Freien, im Kaffeehaus, mit meinem Auto vor einer Haustüre –, als dass ich auch nur eine Minute zu spät komme. Meine Verlegenheit, wenn ich wieder einmal bei einer Verfrühung ertappt werde, überspiele ich mit „Was eine gute Lehrerin ist, kommt immer zu früh…" Florentina, kleine Flo – für dich beginnt die Schulglocke frühestens in diesem Herbst zu läuten. Du hast zwar zu Weihnachten eine Flic-Flac-Uhr bekommen und zeigst sie stolz jedem: Schau einmal, wie spät es ist… Selber kennst du die Uhr noch nicht, weißt allerdings sehr genau, wann deine geliebten Fernsehserien anfangen, intuitiv – wie denn sonst?

Ich träume nicht nur den Obus-Abfahrt-Traum. Ich träume, dass ich zur Matura zu spät komme – nie träume ich, dass ich die Matura nicht schaffe. Ich träume, dass ich meine Vorbereitungen für den Unterricht nicht finde und deshalb den Stundenbeginn versäume – meine Vorbereitungen waren, zumindest in den letzten Jahren, immer perfekt und reichhaltig. Ich träume, dass ich auf der Bühne stehe und den Cherubino singen soll, der Vorhang geht auf, ich bin noch nicht in Maske, ich kann die Rolle nicht, verpasse den Einsatz – noch schlimmer und vor allem Tatsache: Ich kann gar nicht singen…
Vielleicht faszinieren mich die Sonnenuhren deshalb, weil sie uns zwischen „UM“ und „UMA“, zwischen genauer und nicht so ganz genauer Zeit immer eine Toleranzgrenze gewähren, eine Abweichung, die das bisweilen allzu spannende Leben entspannt.
Erinnerungen steigen auf.
In Krumpendorf gibt es ein Kino! In der Nazizeit war in unregelmäßigen Abständen ein Wanderkino in den „Krumpendorfer Hof“ gekommen und führte vor allem Propagandafilme und manchmal einen Spielfilm vor, der sich von Propagandafilmen kaum unterschied. Die Deutsche Wochenschau war obligat, sie unterstrich optisch, was uns der Volksempfänger tagtäglich vorplärrte.. An „Reitet für Deutschland“ kann ich

mich erinnern, und dass am Ende, wenn Willy Birgel nach langen Intrigen irgendwas für Deutschland gewonnen hat, das Pferd mit den Ohren wackelt. Das ohrenwackelnde Pferd blieb in meiner Erinnerung haften, auch, dass die Kapelle bei der Siegesfeier erst einmal hektisch die Noten für „Deutschland, Deutschland über alles" sucht (sie hätten doch bloß „Gott erhalte" spielen müssen?). Die Message des Filmes und ob es eine Geliebte gegeben hat, das ist wohl spurlos an mir vorbeigegangen. Den „Weißen Traum" habe ich gesehen, das „Große Wunschkonzert", ganz viele Filme mit Hans Moser, Oskar Sima, Adele Sandrock. Der „Jud Süß" ist nicht darunter, er war wohl nicht jugendfrei.
Aber jetzt haben wir in Krumpendorf ein Kino, ein Wochenend-Kino, und jetzt holen wir nach, was wir versäumt haben. Ins Kino zu gehen, wird ein gesellschaftliches Ereignis. Es gibt durchaus Beginnzeiten, die man aber nicht allzu genau nehmen muss. Man trifft ein, stellt sich um Karten an, sucht seinen Sitz und lauscht den Platten, bis die uralte Wochenschau („Fox tönende Wochenschau" oder „Austria Wochenschau") anläuft. Die Platten wechseln ab: „Schneewittli und die sieben Zwargli wohnen tief im Wald, wohnen tief im Wald…", „Bi-bi-bi, schenk mir bitte einen Pfennig…"sowie „Hör ich die Lieder von Mexiko her." Und wieder von vorn, bis sich die Reihen füllen.

Der Film fängt an, wenn der Herr Babitsch und der Schneider Koban eingelangt sind. Der Herr Babitsch ist Musiker, Chorleiter später, er hat einen grauen Schnurrbart und einen ungarisch-tschechischen Akzent, mit dem er die Filme kommentiert. Der Schneider Koban ist klein, wird nie mit einer Frau gesehen und färbt sich trotzdem die Haare pechschwarz. Auch er kommentiert die Filme, während der Vorführung, vor allem aber in den Pausen. Eine Pause gibt es alle 20 Minuten, wenn die Filmrollen gewechselt werden müssen, weil es nur eine Vorführmaschine gibt. Die Kommentare sind auch für den Rest des Publikums von einer gewissen Notwendigkeit, weil die amerikanischen, englischen und russischen Filme in Originalton mit Untertiteln gespielt werden. Die Kommentare bedeuten nicht, dass der Herr Babitsch und der Schneider Koban die Originaltöne verstehen oder gar dolmetschen, sie geben dem Inhalt nur eine populärwissenschaftliche Prägnanz. Kino in Krumpendorf ist immer abwechslungsreich – vor dem Ende der Filmrollen tanzen schwarz-graue Kreise und grafische Muster auf der Leinwand, was auch bei einem faden Film auf das Ende des 1. oder 2. Aktes hinweist. Die Filme reißen und werden, wenn es noch möglich ist, geklebt. Einmal werden die Rollen 4 und 3 verwechselt, das merkt niemand, niemanden stört das vorzeitig eintretende Happy End. Ein an-

deres Mal brennt es im Vorführraum, nach einer zusätzlichen Pause stellt man das Publikum mit dem Rest der Filmrolle zufrieden.
Durch das von keiner Straßenbeleuchtung erhellte Straßendorf wandern die Filmbesucher heimwärts und lassen das Erlebte lautstark nachklingen. Egal, wie die Kritik ausfällt – am nächsten Kinotag treffen wir einander wieder.
Die meisten Filme sind schwarz-weiß. Es gibt aber auch schon Farbfilme, „Die badende Venus", „Die roten Schuhe".
Filmkritiken hängen keine im Schaukasten, weil die Krumpendorfer ohnehin jeden Film kritiklos anschauen. Eine vornehme ältere Dame steht vor dem Schaukasten, „Cäsar und Cleopatra" ist angekündigt mit Vivien Leigh und Claude Rains und .... ihr Dienstmädchen, das gibt es auch noch nach dem Umbruch, ihr Dienstmädchen jubelt auf: „...jööö, Gnäfrau, schaugns – der Stewwwart Grannnger..." Sprich, wie du schreibst.
Wir Schülerinnen, die inzwischen schon in Klagenfurt in die Ursulinenschule gehen, sind besser informiert, weil wir die Katholische Filmkritik lesen können, die wöchentlich wechselnd an der Ursulinenkirche aushängt. „Empfehlenswert" sind die allerlangweiligsten Heimatfilme, erst ab „abzulehnen" pflegen die Filme interessant zu werden! Die „Schmutz- und Schund-Kommis-

sion" wacht über unsere Moral. Die „Schmutz- und Schund-Kommission" (eine freiwillige Selbstkontrolle) hat aber nichts dagegen, dass wir in den köstlichen Aufklärungsfilm „Schleichendes Gift" geschickt werden.

Aufklärung (beileibe nicht „Sexualerziehung", das Wort hätte niemand in den Mund genommen!) in den fünfziger Jahren bedeutet vor allem, dass alles verboten ist, was mit dem eigenen Körper zu tun hat (außer der durch Sport bzw. Turnen angestrebten Körperertüchtigung, vormals Leibesübung genannt) und womöglich noch Vergnügen macht, wie zum Beispiel Wimmerln ausdrücken, Nase bohren, den Rotz raufziehen und sich dort kratzen, wo es juckt.

Das letzte Verbot ist am schwersten zu befolgen. Nicht am Kopf kratzen, wenn wir wieder einmal Läuse oder Nissen haben und die Mutti nicht gleich draufkommt oder nicht gleich Zeit hat für die Petroleumpackung? Beim Einschlafen nicht am Popo kratzen, wenn die Würmer ihr nächtliches Juckwerk beginnen? Nicht zwischen den Zehen popeln, wenn Frostbeulen und Fußpilz kitzeln? Kratzen erleichtert. Im überfüllten Kinderzimmer beginnen nach dem Lichtlöschen allabendlich wohlbekannte schabende Geräusche. Jede tuts, jeder tuts, warum auch nicht.

Wir haben ja noch immer kein Badezimmer, gebadet wird am Freitagabend oder Samstagabend, immer noch in der Zinkbadewanne, immer noch ungefähr je drei Kinder in demselben Wasser. Erst am Tag nach diesem abendlichen Bad dürfen wir frische Unterwäsche aus der Wäschelade herauskramen.

Die Begründungen für diese Verbote schwanken zwischen „Weil man das nicht tut", „Wenn das wer sieht", „Davon bekommt man Rückenmarkschwund und/oder Kinder". Die verbietenden Instanzen sind die Mütter, Turn- und Biologielehrerinnen und vor allem die Religionslehrer. Sei wachsam. Bleib rein. Lass dich nicht angreifen. Greif dich nicht an, am besten nirgends und schon gar nicht dort unten. Dein Körper ist grundsätzlich pfui, und noch pfuier ist es, wenn jemand anderer deinen Körper angreift. Selbstbeschmutzung oder Selbstbefleckung, das sind vielgebrauchte Wörter, die ich vermutlich ziemlich falsch verstehe. Wir haben Schmutz zwischen den Zehen, unter den Achseln, um den Hals, unter den Fingernägeln, Ohrenschmalz, Eiterpickel, schwarze Mitesser, Kopfgrind, Krätze, wir haben Flecken und Flicken und Risse an jedem Kleidungsstück. Jeder Platz an Körper und Gewand ist besetzt mit Schmutz und Flecken....

Weil die Begründungen höchst vage sind und unsere eigenen befriedigenden Erfahrungen dazu im Widerspruch stehen, wirkt alles, was durch „Aufklärung" hätte geklärt werden sollen, ver-

schleiert, sündhaft, dunkel und vor allem verwirrend.

Und so bleibt mir aus diesem prüden Machwerk, dem mit viel Getuschel und Herzklopfen besuchten „Aufklärungsfilm" lediglich folgende Szene in Erinnerung: In einem Hotel, das in dem abgespielten, oft gerissenen und wieder zusammengeflickten Schwarz-Weiß-Film nicht schmuddeliger wirkt als die imperialen Wiener Hotels in den süßlichen Rosenhügel-Filmen, in einem „solchen" Hotel schüttelt ein frisches, junges, unverdorbenes Stubenmädel die ziemlich zerwühlten Betten auf und hüpft, wie es frische, junge, unverdorbene Stubenmädel so an sich haben, heiter und vor allem barfuß in diesen Betten auf und ab. Gesunde Lattenroste und harte Matratzen waren noch nicht erfunden. Nun hatte sich dieses frische, aus unerfindlichen Gründen barfuß arbeitende Stubenmädel unmittelbar vor dem Hüpfen einen Schnitt an der Fußsohle zugezogen – Hinweis auf den Charakter des Hotels (Scherben von Champagnergläsern? Rasierklingen? Reißnägel?).

Und genau in diese offene Wunde dringen beim Hüpfen auf sündig-zerwühltem Linnen die bösen Bakterien ein, die dem Film den Namen gaben – „Schleichendes Gift" eben. Das siechende Ende des frischen, jungen Stubenmädels, das zur Syphilis kam wie die sprichwörtliche Jungfrau zum Kind, zur Geschlechtskrankheit ohne Geschlechts-

verkehr, hätte uns wohl abschrecken sollen – wir wussten allerdings nach wie vor nicht genau, wovor.
Sicherheitshalber hat niemand aus unserer Klasse jemals barfuß in Hotelbetten das Trampolinspringen geübt.
Diese Sorgen möchte ich haben, denkt vermutlich ein „aufgeklärter" Jugendlicher der AIDS-Zeit mit ihrem „Safe Sex". Doch – hat sich wirklich so viel geändert?
Es wird schon dafür gesorgt, dass zu jeder Zeit Schatten auf den Sonnenuhren liegen…

3. Kapitel

Und auf den Fluren
laß die Winde los

Es ist noch genügend Öl im Tank. Heizöl leicht. Heuer wird es wieder einmal teurer, die Preiserhöhung ist bereits angekündigt, Krise im Irak, Iran oder sonstwo, Sparpaket, Energiesteuern. Aber es ist genügend Öl im Tank, vielleicht komme ich sogar bis Weihnachten aus, und wenn nicht, ist es auch kein Problem, zumindest kein Versorgungsproblem. Ich muss nur die Heizölfirma anrufen, der Wagen kommt, der Keller ist offen, der Lieferschein liegt im Postkasten, die Rechnung folgt und ich werde sie zähneknirschend, aber prompt bezahlen. Auch den höheren Betrag. Ich muss mich nicht sorgen für diesen Winter. Freilich, es ist vieles teurer geworden, das Geld sitzt nicht mehr so locker, die Zukunftsaussichten sind nicht mehr so strahlend wie vor ein paar Jahren, aber – und das ist ein *running gag* unter uns älter Gewordenen –: so lange wir mit unserem Übergewicht kämpfen, kann es uns nicht wirklich schlecht gehen.
Der Herbst ist da. Nicht so golden, nicht so bunt, nicht so flammend, kein Bilderbuchherbst also, wie er uns eigentlich nach diesem vermurksten

Sommer zugestanden hätte. Der Herbst ist da, die Eichkatzerln sammeln Nüsse, sorgen für den Winter vor. Meine Mutter sammelt ebenfalls die riesengroßen Nüsse mit der papierdünnen Schale, die täglich vom Nussbaum in den verwilderten Garten fallen, von ihrem eigenen Nussbaum im eigenen Garten. Sie soll sich nicht mehr bücken, sie soll nicht mehr allein im Garten sein, manchmal fällt sie und kommt nicht mehr auf, nach einer halben Stunde hören die Nachbarn ihre Schreie. Auf den Notfallknopf, auf den Alarmruf, den sie um den Hals trägt, drückt sie nicht – die Männer vom Roten Kreuz könnten kommen und sie ins Krankenhaus bringen, davor fürchtet sie sich. Sie sammelt die Nüsse, bevor die Eichkatzerln sie davontragen, sie breitet sie in flachen Kisten auf dem Dachboden zum Trocknen auf, auf dem Dachboden, der nur über eine steile Klappleiter erreichbar ist, viel zu steil und gefährlich für ihr Alter, das sie nicht wahrhaben will, mit dem sie kokettiert. Schließlich hat sie heuer, wie sie stolz erklärt, doch erst ihren 21. Geburtstag gefeiert – am 29. Feber, das heißt, dass sie 84 geworden ist. Die trockenen Nüsse holt sie in einer ebenso gefährlichen Dachbodenstiegenkletteraktion wieder herunter, sie knackt sie auf, nicht mit einem ihrer rund 600 Nussknacker, die das ehemalige Wohnzimmer zu einem Nussknackermuseum gemacht haben, sondern mit einem Stein

oder mit einem Hammer. Sie braucht die Nüsse, um ihren berühmten Nussschnaps anzusetzen, den sie nicht mag, weil er Alkohol enthält, und den wir nicht gar so gern mögen, weil er zu süß ist und zu klebrig. Sie braucht die Nüsse, um Vanillekipferln zu backen im Advent – Vanillekipferln und Nusskrapferln, diese runden, mit einem Glas ausgestochenen Kekse, doppelte Kekse mit Marmelade dazwischen, oben eine halbe Nuss, uralte, überlieferte Rezepte.
Das ist alles, was der Mutti geblieben ist – Nüsse vom eigenen Nussbaum, Vorräte für den Winter. Im Herbst wurden Vorräte gesammelt, müssen Vorräte gesammelt werden, Vorräte für den langen, kalten Winter. Sie hat zwei Weltkriege, zwei Nachkriegszeiten, eine Zwischenkriegszeit und den Ölschock erlebt. Man kann ja nie wissen.
Die Mutti wohnt allein in ihrem kleinen Haus, ganz allein, der Vati wird anderswo betreut, alle Kinder sind ausgezogen, fortgezogen, manche weiter fort, manche nicht ganz so weit, die meisten in Ruf- oder Telefonanrufweite. Sie selbst würde kaum etwas an Vorräten brauchen, sie isst wenig, kocht kaum mehr selbst. Die Bäckerei liegt gleich daneben, das nächste Kaufhaus nur wenige Minuten entfernt, an der Hauptstraße, wo einmal der größte und schönste Gasthof gestanden ist, der längst zugesperrt, Pleite gemacht hat. Der Kühlschrank ist genügend gefüllt, die Kühl-

truhe im Keller voll mit Fleisch, Gemüse, vorgekochten Gerichten, unleserlich etikettiert, alles ohne Datum, vermutlich längst abgelaufen. Was drinnen ist in den Gefrierbeuteln und ausgewaschenen Joghurtbechern, lässt sich oft erst nach dem Auftauen feststellen. Auch eine Kiste mit Wein steht im Keller, ein Luxus, den wir uns damals nicht leisten konnten. Die Mutti trinkt keinen Wein, der Lieferant aus dem Burgenland kommt trotzdem Jahr für Jahr, aus Tradition, der Vati zahlt ja. Von Zeit zu Zeit bringen wir dem Vati, der ja zahlt, von seinem eigenen Wein mit, wenn wir ihn besuchen in seiner behindertengerechten Wohnung, in der er seit Jahren gepflegt werden muss, vom Bett in den Rollstuhl gehoben wird, vom Rollstuhl ins Bett gerollt. Den einen oder anderen Schluck darf er trinken, wenn der Wein nicht zu viel Zucker enthält.

Doch, doch – manchmal verstehe ich die Mutti. Es darf nichts verkommen, Kampf dem Verderb. Eine Sünde wäre es, eine unverzeihliche Sünde, ließe sie die prachtvollen Nüsse mit den papierdünnen Schalen verkommen. Was hätten wir für diese Köstlichkeiten gegeben, hätten sie damals uns gehört! Ein eigener Nussbaum – ein eigener Apfelbaum – ein eigenes Gemüsebeet… Auch ich bin vor herbstlichen Anwandlungen nicht gefeit. Da kaufe ich den Enkelkindern warme Walker, die sie ungern tragen, weil sie so kratzen. Da kaufe ich Mützen, Handschuhe, Schals, bei denen ich vergesse, aufs Etikett zu schauen – Acryl statt Baumwolle, das mag meine Tochter nicht, und außerdem verschwinden Mützen, Schals und linker oder rechter Handschuh ohnehin bald, ob Acryl oder Baumwolle, egal. Da fülle ich meinen Single-Haushalt-Tiefkühlschrank im Keller bis an den Rand, die Tiefkühlkost wird ins Haus geliefert, direkt in den Gefrierschrank, wie praktisch – Riesenbeutel und Riesenpackungen, auch portionsweise entnehmbare Kroketten, Luxuskrabben, Röstinchen, Champignons, Gemüsemischungen, Seezungen, Fleischknödel, Topfenknödel, Kärntnernudel, Mohnnudel, Schupfnudel, tropische Früchte, Karotten, Erbsen, Broccoli… Bunt ist der Bestellkatalog, appetitlich, der Herbst ist da und der Winter ist lang. Die Eichkatzerln sorgen vor. Ich sorge mich und sorge vor.

Im Herbst werden auf den Fluren nicht nur die Winde losgelassen, sondern auch die Jauche verteilt. Braune Jauche auf grünen, nun brauner gewordenen Fluren. Landwirtschaftliche Nutzflächen umgeben neue Wohngebiete – wer war zuerst da, die Fluren oder die Wohnbauten? Die Bauern bestehen auf ihren alten Rechten, die Gülle dort aufzutragen, wo sie der Boden noch aufnimmt, ohne Rücksicht auf geöffnete Balkontüren, gekippte Schlafzimmerfenster, Kinderspielplätze und Gartengriller.

Die gesunde Landluft verbreitet ihren Duft auch in meinem Keller. Ist es wirklich die Landluft, die Jauche? Ein bisschen sehr schlägt Fischgeruch durch, intensiv und verdächtig. Die Tiefkühltruhe brummt heftig, der Motor tut, was er kann – einen kleinen Spalt nur steht die Tür offen. Als ich das letzte Mal, wann war es nur – vor drei, vor fünf Tagen? –, als ich die Toastpackung holte, ist wohl die Käpt'n-Blaubeer-Torte verrutscht, hat sich in der Türe verklemmt, und alles begann langsam und stetig zu tauen – zu frieren – zu tauen – zu frieren, ein erstarrender bunter Wasserfall drückte die Schranktür weiter auf, Vanilleeis tropft aus der Familienpackung, gibt den grauen Forellenfilets eine sanftgelbe Tönung, die nach vorne geglitten und eine absurde halbgefrorene Symbiose eingegangen sind mit tropischen Kiwis, Zuckermelonen, Selchfleischknödeln und hübschem dunkelgrünen Blattspinat, dessen Karton ebenfalls durchweicht und zerrissen ist.
Kampf dem Verderb. Vorrat für den ganzen Winter, diesmal sogar mit Ablaufdatum. Eine ganze Schrankfüllung verdorben, unbrauchbar… Zwischen Tränen und Lachen beginne ich mit dem Aufhacken des bunten Eises, dem Abfüllen in geruchsdichte Plastiksäcke, mit dem Entsorgen, mit dem Wegwerfen, verfolgt von dem, was ich als Kind gesagt bekommen habe: „Denk an die hungernden Kinder in Indien…" „Sei froh, dass es dir

so gut geht…", „Andere müssen hungrig ins Bett gehen…" „Nur nichts wegwerfen – im Ersten Weltkrieg haben wir aus Erdäpfelschalen eine Suppe gekocht…"

Ich versuche mich zu erinnern.

Wir haben Vorräte sammeln müssen, damals, als wir Kinder waren, damals, als über neblige Fluren die Winde losgelassen waren. Anders wären wir nicht über den Winter gekommen. Damals, im Krieg, nach dem Krieg.

„Es war eine Mutter, die hatte vier Kinder: den Frühling, den Sommer, den Herbst und den Winter. Der Frühling bringt Blumen, der Sommer bringt Klee, der Herbst bringt die Trauben, der Winter den Schnee."

Auf einem alten, zerkratzten Farbdiapositiv bin ich als diese „Mutter" zu sehen – ein Volksschulkind bei einer Volksschul-Theateraufführung, im braunen Krepppapier-Kostüm, verkleidet als Mutter Erde mit ihren vier bunteren, hübscheren Kindern. Mausbraun und farblos, wie immer, und ich spüre heute noch den Neid auf das zitronengelbe Zitronenfalterkostüm meiner Schwester, auf die leuchtenden Farben von Frühling und Sommer und Herbst und Winter. „Mutter Erde" erschien mir selbst in jener Zeit des Mutterkreuz- und Mütterkultes als eine mühselige und beladene Rolle.

Mühselig und beladen war auch die herbstliche

Jahreszeit für uns Kinder. Der Winter stand drohend und feuchtkalt vor der Tür. Freilich, noch konnten wir barfuß in die Schule gehen, noch war der Boden nicht gefroren. Unsere Fußsohlen waren abgehärtet durch das Barfußlaufen den ganzen Sommer über, das Laufen durch Wiesen und über Schotterwege, durch Schwarzbeergebüsch, Bruchholz und wurzelige Waldwege. Bienen- und Wespenstiche, Glasscherbenschnitte und blutiggestoßene Zehen waren verheilt und vernarbt. Die Getreide- und Mais-Stoppelfelder hatten uns noch härter gemacht. Herbstfeuchte Ackererde fühlt sich eine Zeitlang besser an als sommerheiße trockene Furchen – bis zum ersten Frost. Zunächst ist es noch lustig, wenn die bloßen Füße im Raureif einen dunkleren Abdruck hinterlassen. Bald aber zieht die Kälte die nackten Beine entlang, kriecht hinauf in den Unterleib. Bald verschwindet die eine, der andere hinter einem Busch, weil man ja bei dieser Kälte viel schneller „notig" wird. Falls ein Busch in der Nähe ist, natürlich. Falls nicht, macht es auch nichts. Dann pinkeln wir eben in die Hosen. Manche Dorfkinder weiblichen Geschlechts haben praktischerweise gar keine Unterhosen an.

Wir dürfen nicht mehr barfuß gehen, die dicken, mehrfach gestopften Strümpfe und Wintersocken reiben an den freiheitsgewohnten Füßen und Beinen, die „Genagelten", die Winterschuhe, sind über den Sommer zu klein geworden und drücken. „Seid froh, dass ihr feste Schuhe habt – anderen Kindern geht es nicht so gut!" Andere Kinder – das sind die Bauernkinder. Noch schlechter geht es den ledigen Kindern der „Dirnen", des Gesindes, den Hüterbuben, die noch lange Wochen bloßfüßig, wenn's gut geht, in klobigen Holzzockeln, die Kühe „halten" müssen. Nein, jetzt beneiden wir sie nicht mehr. Sie dürfen nicht barfuß gehen, sie müssen. Wenn wir beim Kühehalten helfen, tun wir es freiwillig, bisweilen gibt es eine Belohnung dafür, in Naturalien, einen Liter frischgemolkene Kuh- oder Ziegenmilch, ein ordentliches Stück Bauernbrot, dick mit gelber Bauernbutter bestrichen, einen schmalzgebackenen Krapfen.

Manchmal, beim Erdäpfelklauben, beim Rübenernten, erleben wir noch einmal direkten Hautkontakt mit Mutter Erde. Wir erleben, wir spüren, wir riechen die schmierigen, fetten Klumpen, wenn wir die Knollen ausgraben und abklopfen, von denen wir einige auch behalten dürfen. Die Schuhe stehen am Ackerrand, sie würden zu schmutzig werden, verdorben in den Furchen. Und sie müssen doch über den ganzen Winter halten, nur selten gibt es neues Schuhwerk. Ich, als Älteste, habe am ehesten Aussicht auf eine Neuanschaffung, ein handgefertigtes Rindslederpaar vom Schuster Nagele. Die jüngeren Geschwis-

ter erben Winter für Winter von mehreren „vortragenden“ Geschwistern verformte, brettharte Treter, knöchelhoch, schwarz oder braun, mit gerissenen und mehrfach verknoteten Schuhbandeln (Schnürsenkeln) und einer charakteristischen Einkerbung im Absatz. Diese Allzweckschuhe sind zugleich unsere einzigen Schischuhe, in der Einkerbung findet die Bindung Halt.
Unsere dreckigen, nassen Füße wischen wir mit einem Büschel Gras ab, bevor wir wieder in Strümpfe und Schuhe schlüpfen. Der Keim für die winterlichen Frostbeulen ist gelegt.
Wiederum hat sich ein Winter eingestellt, pünktlich und rechtzeitig für „White Christmas“, wie in früheren Zeiten, als man sich auf das Wetter noch verlassen konnte. Ein Bilderbuchwinter ist es geworden – erst sind die Temperaturen gefallen und dann die Schneeflocken, wie es sich gehört. Meine alte Jessie-Hündin, von der ich schon glaubte, Abschied nehmen zu müssen, hat den wochenlangen Kampf gegen eine böse Vergiftung gewonnen. Sie ist mir noch teurer geworden, im wahrsten Sinne des Wortes, und vor allem – sie ist wieder wie neu. Voller Lebensfreude wälzt sie sich im Puderzuckerschnee, der nicht einmal in ihren langen Zotteln hängenbleibt, so kalt ist er heuer. Meine beiden Enkelmädchen haben eine traumhafte Ferienwoche bei mir verbracht. Warm eingepackt in ihre Overalls haben

sie versucht, einen Schneemann zu bauen, doch das Baumaterial hatte noch nicht die richtige Konsistenz. Der neue Schlitten, ein Uroma-Weihnachtsgeschenk, wurde eingeweiht. Hübsch altmodisch sieht er aus, wie der Schlitten meiner Kindheit, Holzrahmen, Gurten darübergespannt, geschwungene Kufen, drei oder gar vier Kinder könnten darauf Platz finden. Kalte Hände kriegen die Kinder heute nicht mehr, außer, sie ziehen ihre unförmigen, schnee- und wasserabstoßenden, warm gefütterten Schihandschuhe aus. Kalte Füße kennen sie nicht in ihren dicken Goretex-Stiefeln. Schnell sind sie angezogen, schnell können die geplusterten Schianzüge abgestreift werden, dem Reißverschluss sei Dank. Im Nu trocknet das nasse Zeug in der gut geheizten Wohnung. Florentina ist zu faul zum Naseputzen, sie schnieft und zieht den Rotz hoch, wie es alle Kinder immer taten und noch immer tun, dabei stehen in jedem Raum Kleenexschachteln. Im Schaukelstuhl vor dem Fernseher erteilt sie ihre Befehle, die die große Schwester Raffaela leidend, aber in der Gewissheit, demnächst mit einem Heiligenschein belohnt zu werden, ausführt: Ich mag eine Milchschnitte aus dem Kühlschrank – ich mag ein Cola – eine Mandarine – oder lieber doch ein Sprite – ich mag, ich mag… Heiße Getränke lehnen sie ab, es ist ihnen ja nie richtig kalt geworden. Sie müssen nicht um Erlaubnis

fragen, es ist alles da, sie brauchen nur zuzugreifen. Nichts ist rationiert, nichts wird vorgezählt, es gibt keine Einschränkungen.
Morgen werde ich wieder darauf drängen, dass sie an die frische Luft kommen, in den blauen Wintersonnenschein, die beiden Großstadtkinder, und vom Küchenfenster aus werde ich auf sie aufpassen, werde ich ihnen beim Rodeln zusehen und beim erneuten Versuch, einen Schneemann zu bauen…
Erinnere ich mich richtig?
Ich habe den Winter gehasst, alle diese mühseligen Winter meiner Kindheit und meiner Jugend. Vor allem habe ich es gehasst, wenn es hieß: Raus an die frische Luft – die Sonne scheint! Raus in den Schnee, raus aus der ungelüfteten, engen, aber immer noch gemütlicheren Wohnung, raus auf das Kogele vor dem Haus, wo die Mutti vom Fenster, vom Kuckuckszimmerfenster aus auf uns aufpasst, uns beim Rodeln zusieht und beim Versuch, einen Schneemann zu bauen. Ich mag den kalten Schnee nicht, ich mag die kalten Füße nicht, und schon gar nicht mag ich die nass gewordenen, verfilzten Wollhandschuhe. Immer wieder fällt meine hässliche Brille in den Schnee, ich muss sie blind suchen, mit einem vollgeschneuzten Stofftaschentuch putzen, ich hasse die Schlieren auf den Gläsern und das neuerliche Beschlagen. Immer treiben sich auf dem Kogele Bu-

ben herum, die unsportliche, feige Mädchen, wie ich eines bin, mit Schneebällen bewerfen, ihnen eine kalte Abreibung verpassen, Schnee unter den Kragen der Winterjacke pressen, die auf diese Weise noch schneller durchnässt und klamm wird – ein guter Vorwand, um früher in die doch ein wenig wärmere Wohnung, zu meinen geliebten Büchern zu flüchten. Die Mutti bleibt hart: Die Sonne scheint – ihr braucht die frische Luft – und außerdem hab ich euch gerade erst alle angezogen, jetzt bleibt ihr eine Zeitlang draußen!

Freilich, das Anziehen ist eine Prozedur. Fünf bis sieben Kinder, eigene, aber auch Pflegekinder, von Kopf bis Fuß in verschiedene Lagen winterliche Unterwäsche und gestrickte Pullover zu zwängen, in dicke, verfilzte Rippenhosen und Socken, in geschnürte Schuhe, in Fäustlinge, die an Schnüren befestigt sind, damit sie nicht verloren gehen, Schals umbinden, Mützen überstülpen… Wenn das letzte Kind eingekleidet ist, muss das erstversorgte dringend und sofort aufs Klo, und wie schnell ist es passiert… Eine noch schlimmere Prozedur ist dann das Heimkehren der quengelnden, streitenden, müden Brut, das Ausziehen der durchnässten Textilien, der steifgefrorenen Socken und Handschuhe, die rund um die beiden Kachelöfen im Kinderzimmer und Kuckuckszimmer an der Spagatschnur zum Trocknen aufgehängt werden müssen – in drei,

vier Reihen, der Platz reicht nie! Die feuchten, klobigen Winterschnürschuhe stapeln sich auf den hochaufgeschichteten Holzscheiten hinter den Kachelöfen und miefen vor sich hin, der Duft der brutzelnden Bratäpfel in den Aussparungen der Öfen kämpft vergeblich dagegen an.
Lang haftet der Wintergeruch der Nachkriegsjahre in Kleidern und Schuhen. O ja, manchmal hat die Mutti die Wäsche auch draußen im Garten aufgehängt, die Bettwäsche friert zu Brettwäsche, beim Abnehmen darf ich sie nicht falten, damit sie nicht noch brüchiger wird. Polsterüberzüge und Leintücher, übereinandergeschichtet, tauen erst auf dem Bügeltisch auf, verströmen frischen Schneegeruch und bringen zusätzliche Feuchtigkeit in die Wohnung. Unsere Kleider werden noch seltener gewaschen als Bettwäsche und Unterwäsche. Oberbekleidung hat eine praktische dunkle Farbe, Schmutzränder fallen nicht so sehr auf in dem allgemeinen Grau der Wiederaufbaujahre. Und schließlich riechen so ziemlich alle Leute ähnlich, vor allem im Winter, im ungeheizten Eisenbahnwaggon, in der dichtgedrängten Enge der Straßenbahn, im Obus.
Ich kann den Winter nicht leiden. Noch schlimmer wird es, als die Turnstunden am Nachmittag wintersportlich werden und wir auf der „Schleppe" – einem Hang nahe der Schleppe-Brauerei – das Schifahren lernen sollen. Die

Turnlehrerinnen haben mit Musikprofessorin und Zeichenprofessor eines gemeinsam: Sie beherrschen ihr Metier, haben aber nicht das geringste Interesse daran, ihre Geheimnisse zu verraten, Perlen vor die Säue zu werfen, uns ihr Können schrittweise, methodisch also, weiterzugeben. Sie beschäftigen sich nur mit Stars und Talenten. Wer kein Instrument spielt, wer keine malenden Vorfahren hat, wer wie ich eine kurzsichtige, linkische sportliche Null ist, wird im besten Falle nicht beachtet – in ungünstigen Fällen aber zum Stein des Anstoßes, zum Sündenbock.
Die Leder-Windhund-Kruppstahl-Ära der Hitlerjugend ist vorbei – ist sie das? In genau dieser Zeit hatten die Sportlehrerinnen gelernt, hart zu sich selbst zu sein. Jetzt sind eben sie hart zu uns Kindern, sie wissen es nicht besser. Mutproben sind weiterhin gefordert, sich selbst zu überwinden ist nach wie vor angesagt, „Feigling" ein oft gehörtes Wort, das mich wieder einmal aus dem Kreis der Tapferen, Körperertüchtigten ausschließt. Es gibt kein Entkommen.
Zunächst heißt es die Piste präparieren, die Marterstätte selbst vorbereiten: raufbrettln den Hang im Diagonalschritt, ein Fischgrätmuster in den Tiefschnee grätschen, und dann runterstürzen in die Tiefe, „a Grade ziagn", ohne Bremsschwung, mit klopfendem Herzen. Wer beherrscht schon den Telemark oder gar das „Abkristeln"? Ich baue

mich sicherheitshalber mit „Textilbremse“ in den Schnee, setze mich auf die Brettln, die immer schneller werden, bis sie mich abwerfen. Es sind ja wirklich „Brettln“, aus Holz, ohne Stahlkanten, die vor dem Anschnallen „gewachselt“ werden sollen, damit sie schneller laufen. Ich achte eher darauf, dass ich das braune Wachs fleckig auftrage, damit die Talfahrt erträglicher wird. Und wieder rauf den Hang, und wieder zähneklappernd runterstürzen, rauf, runter, rauf, runter. Wenn ich schon dem Adlerauge der Turnprofessorin entkomme, lauern die sportlichen Klassen“kameradinnen“ wie Habichte auf ihr Opfer, das sie verspotten, verpetzen.

Aber es gibt noch eine winterliche Steigerung. Ist schon die „Schleppe“ ein Alptraum, so droht in der 6. Klasse DER SCHIKURS.

O ihr Schifahrer, ihr Snowboarder, ihr Stars und Superstars aller Altersgruppen, ihr Pistenflöhe und Downhillracer – aufgewachsen im Überfluss, bestens ausgestattet mit Sturzhelmen, modischem Outfit und jährlich neuem, fröhlich-buntem Material! Ich lese ja die Zeitungen, ich weiß einigermaßen Bescheid über die Trends, ich schau mir, beim Flutschen durch die Kanäle, immer noch (nur wenige Minuten, nur zur Information) Sportsendungen an, ich zitter(t)e mit Sailer, Schranz, Klammer (ein Kärntner!), Hinterseer, Pröll, Kronberger, Wachter, Assinger (ein Kärntner!), Sykora

& Co. Im Keller stehen meine schon längst überholten Langlaufschi, voriges Jahr und das Jahr davor fand ich Ausreden, einmal gab es zu viel Schnee, dann zu wenig, und wenn die Loipe bestens präpariert war, hatte ich dummerweise gerade einen wichtigen Termin, vor, während und nach welchem es nicht angezeigt gewesen wäre, ein sportliches Risiko mit anschließendem Muskelkater einzugehen. Heuer habe ich es endlich erreicht: Ich bekomme den Reißverschluss des Overalls nicht mehr zu, der Anzug muss in den letzten Jahren im Kleiderkasten wohl eingelaufen sein. Steht es dafür, einen neuen zu kaufen? Das Alpinfahren, kurzzeitig in einer Art Torschlusspanik ausgeübt, habe ich längst aufgegeben – schaut euch doch die Fernsehbilder an, die überfüllten Pisten, das Warten bei den Liften und Aufstiegshilfen, die Horrormeldungen über Liftunglücke, Schiunfälle, schlimme Verletzungen, Hubschrauberrettungen – nein, das tu ich mir nicht mehr an. No sports. Sport ist Mord… Das kann doch kein Vergnügen sein! Es war schon damals keines…

Kannst du dich erinnern – der SCHIKURS auf der Gerlitzen?

Ich habe mir den Schikurs als verlängerten Wandertag vorgestellt. Wandertage in der Nachkriegszeit sind tatsächlich „Wander-Tage“, mehr oder weniger gemütliche Spaziergänge in die nähere

Umgebung der Stadt, als Höhepunkt ein zweitägiger Wandertag zum Abschluss der Unterstufe mit Übernachtung im Heu, das nach einem Bad im eiskalten Weißensee elendiglich juckt und den kurzen Schlaf zusätzlich verkürzt. Bei den Wandertagen wird meine Unsportlichkeit nicht so offenkundig, es sei denn, die Turnprofessorin baut einige sadistische Übungen in Form der so beliebten Mutproben ein. Ich muss nur darauf achten, nicht sonderlich aufzufallen – durch mein freches Mundwerk zum Beispiel –, nicht bei den Schlusslichtern zu sein und den Anschluss an die führende Marschierergruppe nicht zu verlieren. Dann sind Wandertage erträglich.

Erträglich und einigermaßen gemütlich lässt sich auch der erste Schikurs meines Lebens an, vor allem, weil es in jenem Winter auf der Gerlitzen kaum Schnee gibt. Der mugelige Villacher Hausberg zeigt sich in herbstlichem Braun mit wenigen weißen Flecken. Es gibt allerdings auch keinen Lift, der zur damals noch recht primitiven Bergerhütte führt. Sie soll für eine Woche unser Quartier sein. Die schweren Rucksäcke mit Verpflegung und die Schiausrüstung werden also von der Kanzelbahn-Endstation bis zur Hütte geschleppt. Täuscht mich die Erinnerung? So schwer kann das Gepäck nicht gewesen sein – Unterwäsche zum einmaligen Wechseln, ein Trainingsanzug vermutlich, ein zweites Paar Socken, Hüt-

tenpatschen. Das Wort „Après Ski“ ist noch nicht erfunden. Und gar so viel Zusatzverpflegung zur Hüttenkost wird mir die Mutti auch nicht mitgegeben haben, einen selbstgebackenen Reinling, die obligaten getrockneten Apfelspalten, die als Tauschobjekt gegen Schokolade und Speck völlig ungeeignet sind.

Ach, und meine Schiausrüstung! Die anderen aus meiner Klasse, sie besitzen natürlich alle schon Schi mit Stahlkanten, die mit Fangriemen gesichert sind, und sie lachen über meine kantenlosen hölzernen Kinderschi, kaum einen Meter lang, mit einer Riemenbindung aus der Kriegszeit, die immer wieder aufgeht, worauf der Schi besitzerlos zu Tal gleitet, über Schneeflecken und schneelose Almwiesen. Allerdings hat kaum jemand „richtige“ Schischuhe, Schi gefahren wird mit Goiserern, so man welche besitzt oder geerbt hat, oder eben mit den rindsledernen, vielstrapazierten Winterschuhen. Auch die Schistöcke sind aus Holz oder – besonders luxuriös – aus Bambus. Gebrochene Schi und zersplitterte Schistöcke zieren als Trophäen die Wände der Schihütten.

Ziemlich kalt ist es in der Hütte, vor allem im Schlafraum. Macht (fast) nichts, wir rücken auf unserem Strohsacklager (oder waren die Säcke mit Tschurtschenfedern gefüllt?) enger zusammen, kuscheln uns in kratzige graue Militärdecken, wir kichern, singen und albern herum.

Die Unterwäsche behalten wir über Nacht an, die dicken Socken auch, wie früher im Luftschutzkeller. Längst schon ist Nachtruhe angesagt, wir sind in der Mehrheit, wir sind jung, wir haben unseren harmlosen Spass – nur Mädchen, wir gehen ja in eine reine Mädchenschule. „Twentyfive men were sleeping in a bed and the middleman said: roll over…" Wenn sich eine umdrehen will, drehen sich alle übrigen zugleich um, eng wie die Sardinen liegen wir nebeneinander und wärmen einander. Morgen wird es ernst mit dem Schifahren. Ich freue mich nicht sonderlich darauf. Das Hüttenleben, die Hüttenspiele, das Zusammensein, das Miteinandersingen ist viel lustiger.

Es wird die ganze Woche nicht ernst. Jeden Vormittag schultern wir unsere Stöcke und Schi und wandern über die gefrorenen Almen, um irgendwo ein verstecktes Schneefeld zu finden, wo wir ein bisschen herumrutschen, völlig ungefährdet. Lernzuwachs gibt es bei mir keinen. Aber es ist klar, dass meine Kinderschi endlich ausgedient haben.

Im nächsten Jahr, in der 7. Klasse, führt der Schikurs sogar nach Saalbach-Hinterglemm, ins Bundesland Salzburg. So weit weg von daheim… Ich bin sechzehn Jahre alt und kenne so gut wie nichts von der weiten Welt. Gut – ich war zwei Jahre vorher für fünf Wochen in der Schweiz gewesen, als Begleitung für zwei kleinere Schwes-

tern, die vom Roten Kreuz auf Erholung geschickt worden waren, zum Aufpäppeln, und galt in meiner Klasse dadurch fast als Kosmopolitin. Ich kenne die Fahrt über die Pack nach Graz, mit dem Autobus, in dem mir immer schlecht wird, oder über Bruck nach Graz, mit dem Zug. Ich kenne zwei, drei Orte in Kärnten: Millstatt aus der Zeit der Kinderlandverschickung, Oberaichwald und Obermillstatt, wo mich die „Fürsorge" auf Ferien-Erholungslager schickte. Sonst aber ist mein, unser Radius noch sehr, sehr eingeschränkt.
Wir sehen auch vom Bundesland Salzburg nichts – wir sehen nur die Hütte und die Piste. Denn diesmal wird es ernst mit dem Schifahren. Und diesmal sind meine Kinderschi keine Ausrede mehr, denn der Onkel Hans hat mir Stahlkantenschi gekauft in beängstigender Länge, ohne Bindung zwar – die musste ich von den alten Brettern ab- und auf die neuen aufmontieren lassen. Welch ein Sprung von den Gerlitzen-Schneelöchern auf die erste richtige Piste! Nicht mehr Pistentreten, selber Ausbretteln, sondern Lift fahren! Mit einem richtigen Schlepplift! Paarweise stehen wir zitternd bei der Talstation. Rasend schnell pendeln die Schleppseile mit den schleudernden Brettern auf uns Schihaserln zu, wir versuchen, ein Seil zu ergreifen, schon knallt uns das Querbrett, das ich irrtümlich für ein Sitzbrett

halte, ins Kreuz, und schon liegen wir wieder im Schnee, zum Gelächter der anderen, die es besser können und sich anlehnen, schleppen lassen, unverkrampft und locker. Blind taste ich im Schnee nach der verlorenen Brille. Meine randlose Brille, die teure Brille, die ich mir extra für den Tanzkurs gewünscht habe… Niemand will mit mir fahren, ich bin ein hoffnungsloser Fall.
Nach vielen vergeblichen Versuchen hat der Lift mit mir Erbarmen und wirft mich die ganze Fahrt nicht ab. Die zweitkleinste Klassenkameradin hat endlich mit mir, der kleinsten, Mitleid bekommen, sich todesmutig an meine Seite gestellt und spricht mir Mut zu. Bei jeder Liftstütze schwöre ich bibbernd einen neuen Eid, was ich alles tun und lassen werde, wenn ich nur unabgeworfen die Bergstation erreiche. Das Wunder geschieht! Wir kommen an, wir rutschen ab, irgendwann kapiere ich endlich, wie man Bogerln fährt, wie man einen amateurhaften, aber gelingenden Schwung ansetzt, wie man beim „Abkristeln" Haltung bewahrt, bekomme ein vages Gefühl für Berg- und Talschi, fürchte mich nicht mehr – ich gehöre dazu!
Jetzt habe ich auch als „Sportlerin" einen angeseheneren, vor allem nicht mehr den letzten Platz in der Klassenhierarchie erhalten. Mein neu erworbenes Selbstbewusstsein wirkt sogar in die

Turnstunden weiter. Nach der Rückkehr vom Schikurs schaffe ich es doch glatt, über den „Bock" zu springen, über das „Pferd" zu hechten. Meine einzige Glanzleistung beim Geräteturnen war bisher das Balancieren auf dem Balken gewesen. Zum ersten Mal muss ich nicht um eine geschenkte Turnnote betteln, damit mir nicht der Vorzug verhaut wird.

Die Klasse ist zusammengewachsen bei diesen Schikursen, wir haben Gemeinschaft erfahren ohne politischen Druck, wir haben gesungen, ohne die rechte Hand heben zu müssen, wir haben Körperertüchtigung erfahren, ohne jedes Mal als minderwertig angesehen zu werden, wenn einmal etwas nicht klappte. Die Turnprofessorin hat sich immer öfter von ihrer menschlichen Seite zeigen dürfen, sie konnte Fehler machen, ohne sich gleich uns, der Meute, auf Gedeih und Verderb auszuliefern. Langsam begann die Ideologie des Dritten Reiches zu verblassen, auch ohne bemerkbare Umerziehung. Einige Lieder sind aus unserem Liedgut verschwunden, andere wieder haben sich recht gut gehalten. Die „morschen Knochen" zittern nicht mehr, die „gold'ne Abendsonne" scheint nicht mehr, die Flamme lodert nicht mehr empor – dafür ziehen wir mit „Strampedemi" ins Feld, das zu unserem Schikurslied wird, und besingen, ßßßtata, tirallala, die „alte Flunder", die uns auf der Maturareise auch noch begleiten wird.

Leider will ich es genauer wissen. Was in der Hinterglemm funktioniert hat, wird doch wohl auch für den Stifterkogel reichen. Ich will, ich werde meine schifahrerischen Künste in der Praxis unter Beweis stellen!

Es ist nämlich ein Wunder geschehen. ER hat mich gefragt, ob ich mit IHM auf den Stifterkogel fahren möchte. ER, der Schönste aus dem Tanzkurs, von dem jede aus unserer Klasse geträumt hat und auch jetzt noch viele träumen, ER, der einzige, der einen richtigen Anzug besitzt, Hose und Sakko aus demselben grauen Stoff, nichts Zusammengestoppeltes, ER, der eigentlich mit meiner allerbesten Freundin „geht", ER fragt mich, ob ich mit ihm Schifahren möchte, weil meine allerbeste Freundin nämlich verkühlt ist und daheim bleiben soll. Am nächsten Sonntag, auf dem Stifterkogel.

Ich muss mich genauer erkundigen, wie heutzutage Verabredungen getroffen werden unter jungen Leuten. Telefonisch natürlich, oder geht's schon schneller mit dem Pager? Schneeberichte, Wetterpanorama, Teletext – alles ist verfügbar, abrufbar, planbar. Ein Treffen wird ausgemacht, kann problemlos wieder abgesagt, verschoben werden. Aufgeschoben ist nicht aufgehoben. Klappt es nicht heute, dann morgen oder übermorgen, hat

der Mike keine Zeit, steht schon der Charly vor der Tür… Alles total easy, du kannst nichts versäumen, du schöpfst aus dem Überfluss.
Wir hatten kein Telefon in den Fünfzigern. Unsere Rendezvous machten wir auf dem Schulweg aus, in der Tanzstunde, bei der Straßenbahnhaltestelle am Heiligengeistplatz, wo sich die Gymnasiasten aus den verschiedenen Schulen trafen, bevor sie heim zur Familie und zu den Hausübungen fuhren. Einige treuen Verehrer harrten unserer vor dem Landhaus, gegenüber dem Schuleingang der Ursulinenschule, (ich sage „unserer" und schließe mich unberechtigt mit ein, denn meiner harrte, offen gestanden, niemand – ich naschte nur an fremdem Glück, war oft das fünfte Rad am Wagen) wo in Eile Verabredungen für den nächsten Tag, das nächste Wochenende, ausgemacht wurden. Eine Verabredung, einmal getroffen, hatte zu halten, weil sie nicht kurzfristig abgesagt werden konnte. Natürlich hielten nicht alle Treffen – umso schrecklicher das vergebliche Warten, das Suchen nach dem Grund, das Gefühl des Versetztseins, die Hilflosigkeit. Bestellt und nicht abgeholt… und keine Möglichkeit des Reagierens. Gelähmt, verletzt, entwürdigt, zu Tode beleidigt, beim nächsten Wiedersehen schweigend in gekränktem Stolz, unversöhnlich, das war die Skala, die uns zur Verfügung stand. Nie hätte ein Mädchen die Frage gestellt: Was war los,

warum bist du nicht gekommen? Nie hätte ein junger Mann sich entschuldigt. Locker, lässig, easy, vergiss es – das sind Vokabeln der heutigen Zeit. Wir waren „von des Gedankens Blässe angekränkelt“, trugen unseren Hamlet im Herzen und auf den Lippen, nahmen alles viel zu schwer…

Ob ich möchte? Und wie ich möchte! Kann ein Herz tagelang klopfen? Habe ich gar kein schlechtes Gewissen, dass ER mit mir etwas ausgemacht hat, und nicht mit meiner aller-, allerbesten Freundin? Frage ich gar nicht, ob sie überhaupt weiß, dass ich erwählt worden bin? Bin ich wirklich so treulos, obwohl wir, meine aller-, allerbeste Freundin und ich, geschworen haben, einander alles, wirklich alles zu sagen? Freilich bin ich inzwischen schon draufgekommen, dass sie es mit dem Einhalten des Schwurs nicht allzu genau nimmt. Und jetzt bin ich die Verräterin – Et tu, mi fili, mea filia… es ist so süß, das Gefühl des Verrats, der Untreue, des Begehrtwerdens – naja, wenigstens des Bemerktwerdens… Ich will gar nicht daran denken, wer von den Hübscheren, Ranghöheren vor mir gefragt worden ist und etwas Besseres vorhatte.

Ich erlebe den Anbruch des Sonntags, die Fahrt in die Stadt, zum Autobusbahnhof, ich erlebe, dass ER auf mich wartet, er ist wirklich gekommen! So schön ist er, so blond, seine Zähne weiß und ma-

kellos. Er hat seine Schi geschultert, so wie ich, wir fahren mit dem Autobus hinaus aus der Stadt, zum Stifterkogel. Ich an SEINER Seite, zu zweit inmitten der Fahrgäste – Endstation, aussteigen, Schi anschnallen, losmarschieren, hintereinander. Es gibt keinen Lift auf den Stifterkogel, wir ziehen unsere Spur, bretteln gemütlich hinauf zur Hütte. Das Wetter ist trüb, in meinem Herzen scheint die Sonne, ich singe den Schlager der Woche „Ich zähl mir's an den Knöpfen ab, ja, nein, ja, nein, ja – ob ich bei dir Chancen hab, ja, nein, ja, nein, ja…"

Nun beginnt es zu schneien. Lieber Gott, danke. Die Abfahrt ist aufgeschoben. Kein Wort haben wir während des Aufstieges gesprochen vor lauter Anstrengung. Aber jetzt – die Hütte ist voll, an einem Ecktisch sind zwei Plätze frei. Völlig durchgeschwitzt, durchnässt, bestellen wir irgendwas – es wird wohl Tee gewesen sein, Alkohol war noch nicht so üblich, damals. Wir beginnen zu reden, nicht von der Liebe, von der Schule, der Matura im nächsten Jahr, egal was, ER redet mit mir, sitzt mir gegenüber – ich glühe vom alkoholfreien Tee. Keine Berührung, kein Händedruck, kein Körperkontakt, und doch so nah, so nah.

Langsam wird es dämmerig. Die Stunde der Wahrheit kommt näher. Vom Fenster aus sehe ich drohende Schispuren im Schnee, die die wirklichen Sportler schon gelegt haben – eine beängsti-

gend gerade verlaufende Spur, Straßenbahnschienen gleich, steil in den Wald abfallend. Der Wald scheint nur aus glatten, harten Baumstämmen zu bestehen, nirgends sehe ich weich abfederndes Gebüsch. Das kann nicht gutgehen.
Meine Versuche, das wunderbare, inhaltslose Gespräch in die Länge zu ziehen, scheitern. Es heißt Abschied nehmen von der Zweisamkeit, von der Intimität, von einem Nachmittag, der sich nie, nie mehr wiederholen wird, ich ahne es.
ER lässt mir den Vortritt, wohl um meine Fahrkünste zu testen. Ich stürze mich mit meinen Stahlkantenschiern in die dunkelnde Tiefe, die Bäume links und rechts der Spur, sie stehen viel zu eng, sie rasen auf mich zu. Bevor sie mich treffen, ziehe ich die bewährte Textilbremse und verstauche zu meinem Glück den Knöchel. Ein bisschen nur. Gerade genug, um Erste Hilfe und Mitleid zu bekommen.
Ende des Schitages. Ende meiner wintersportlichen Karriere.
Humpelnd und rutschend, von SEINEM starken Arm gestützt (auch das wiederholt sich nie mehr), treten wir im wahrsten Sinne des Wortes den Heimweg an, denselben Weg, den wir Stunden zuvor in Gegenrichtung begonnen hatten. Ich möchte ihn so gern verlängern, diesen gemeinsamen Weg, doch der letzte Autobus wird kaum auf uns warten. ER, der Herrlichste, der Schönste, er

drängt zum Autobus, ist ziemlich einsilbig während der Fahrt. Bei der Haltestelle „Feldhofgasse" steigt er aus, gute Besserung, das war's. Ich fahre weiter zum Heiligengeistplatz, mit geschwollenem Knöchel und angeknackstem Selbstbewusstsein. Daheim erst heule ich in meinen Kopfpolster.
In der Feldhofgasse wohnt meine aller-, allerbeste Freundin.
Im nächsten Jahr, in der Maturaklasse gibt es keinen Schikurs. Und mich lädt niemand mehr zu einem Schiausflug ein, niemand. Die Stahlkantenschi rosten unbenützt im Keller. Den Gummizug, der die dunkelblaue Schihose an den Knöcheln zusammenhält, trenne ich heraus. So ist sie als neutrale Winterhose zu verwenden – obwohl das Hosentragen in unserer katholisch angehauchten Ursulinenschule als „unsittlich" verboten ist.
Fünf Jahre später wird Toni Sailer, der „Schwarze Blitz von Kitz", dreifacher Olympiasieger und Österreichs Schi-Idol. Alle hängen an den Rundfunkempfängern. Das Schifahren entwickelt sich endgültig zum Volkssport. Ohne mich.
Wer meine Stahlkanten geerbt hat, interessiert mich nicht mehr.

4. Kapitel

Befiehl den letzten Früchten
voll zu sein

Wir sind eine sehr fruchtbare Familie. Kinderreich, hieß es in der Nazizeit und danach, wenn es um Sonderzuteilungen, Schulgeldermäßigungen, Altkleider und sonstige Privilegien ging, oder darum, als Nazi-Angehörige nicht aus der Wohnung geworfen zu werden. Manchmal war mir dieses ewige Hinweisenmüssen auf unseren Kinderreichtum peinlich, und ich wäre, bei aller echten, eingebildeten oder anerzogenen Liebe zu meinen Geschwistern, ganz gern ein Einzelkind gewesen (ich glaube, meine Geschwister, jede und jeder für sich, ebenfalls). Allerdings – aussprechen hätte ich es mich nie getraut, das wäre einer Versündigung gleich gekommen, obwohl die Sünde in einem konfessionslosen (aber durchaus nicht gottlosen) Haushalt eher eine untergeordnete Rolle spielte.

Zehn sind wir heute noch, zehn Geschwister, fünf Buben und fünf Mädchen, alt gewordene Buben und Mädchen. Das allererste Kind war nicht lebensfähig, ist mit wenigen Wochen gestorben, wir aber haben Kinderkrankheiten überlebt, Sport- und Autounfälle überstanden, sind von

größeren Katastrophen verschont geblieben. Einige kämpfen noch gegen das Grauwerden der Haare tapfer und mit Hilfe der Chemie an, andere bekennen sich bereits ebenso tapfer dazu. Ich erschrecke, wenn die jüngeren Brüder und Schwestern „runde" Geburtstage feiern, die ich schon längst hinter mir habe – so alt sind sie? Ja, so alt, und ich bin und bleibe die Älteste.
Die meisten „Buben" und „Mädchen" haben ihrerseits Kinder bekommen, deren Anzahl eher im durchschnittlichen Bereich blieb. Die beiden „Jüngsten", schon längst im zeugungsfähigen Alter, blieben zurückhaltend, wenn schon nicht enthaltsam. Nur die in jungen Jahren „wilde" Schwester, heute still und sanft und weise, kam der Mutti beinahe nach mit ihren neun Kindern. Die nächste Generation ist derzeit an der Reihe, die kleine Roxana hat kürzlich das Licht dieser immer noch bestehenden Welt erblickt, die fünfte Urenkelin der stolzen Uroma, unserer noch älter gewordenen Mutti. Wir haben *„Roxana Emma Elisabeth"* in Blockbuchstaben auf einen Zettel geschrieben, die Mutti/Omi/Uromi tut sich schwer mit diesen neumodischen Namen, *Elena, Raffaela, Florentina, Denise,* und nun auch noch *Roxana,* wie man das wohl ausspricht. Gut, dass die Kleine noch einen zweiten und dritten Namen hat, wie es in der Generation unserer Eltern und davor üblich war

– *Robert Raphael* hieß der Großvater, *Karolina Aloisia* die liebe Raacher Oma, auf *„Joannes Eribertus"* beziehungsweise *Hans-Herbert* war der Vati getauft, auf *„Emma Leopoldine Helene"* unsere Mutti. Fast ein Jahrhundert später tauchen die altmodischen Namen, wenn auch verändert oder an zweiter Stelle versteckt, wieder auf und klingen wie neu.

Wir, die Kinder aus großer, germanischer Zeit, bekamen (außer dem im berüchtigten „Fünfundvierzigerjahr" geborenen Hans-Robert) jeweils nur einen einzigen Namen „gegeben" beim Fest der Namensgebung, das die Taufe ersetzte – einen Namen, sorgfältig und lange abwägend ausgesucht aus dem Büchlein, das gleich neben „Mein Kampf" stand, weitaus öfter gelesen als dieser; einen Namen, der für die Buben mit „W" begann – *Walter, Werner, Wilfred, Wolfgang* –, und für die Mädchen mit „H", – *Helga, Hilde, Heidrun, Holle, Hella* –, mit dem wir aber nicht immer ganz zufrieden waren. *Vivien* hätte ich gern zusätzlich oder überhaupt geheißen, wie die engelsgleiche Vivien Leigh, und später *Audrey*. Oder *Esther*, wie die Schwester vom zarten Schweizer Mädchen Ruthli. Doch Esther ist ein jüdischer Name, so heißt man nicht in unserer Familie. Gebt deutschen Kindern deutsche Namen. Wir taten uns später leichter, als wir die Namen eher nach Wohlklang als nach ursprünglicher Bedeutung und Übereinstimmung mit deutschen Heldensagen aussuchten – und so gibt es eben in der nächsten und übernächsten Generation eine friedliche Koexistenz von *Danielas, Marcels, Annegrets, Martins, Hannemaries, Christinas, Peters, Susannes, Mareikes, Bettinas, Gerwins, Claudios* und *Fabians,* getauft oder ungetauft, selbst die biblisch-jüdischen Vornamen *Rebekka* und *Deborah* sind keine Ideologiefrage, kein Stein des Anstoßes mehr. (Die modischen Spitzenreiter *Julia, Patrick und Oliver* haben wir vernünftigerweise ausgelassen.) Ob aber unsere eigenen Kinder und Enkelkinder glücklich und zufrieden sind mit dem, was ihre Eltern ihnen auferlegten, wird sich weisen.

Ich glaube, auch unser doppelnamiger *Hans-Robert* war nicht so ganz glücklich – er hieß so nach dem vermissten Vati und dem ebenso vermissten Großvati, die beide erst nach seiner Geburt wieder zur Familie stießen. Er blieb bis ins doch etwas reifere Alter immer der kleine *„Hansi"* – ein Schicksal, das er mit *MAXI* Böhm teilte –, obwohl er auf dem erwachsenen *HANS* bestand, woran sich aber nur seine häufig wechselnden Ehefrauen halten. Eigentlich hätte sein Name traditionell mit „W" beginnen sollen, *Wolfhart* war bereits ausgesucht. Dagegen hatte aber selbst die sonst stramm nationalsozialistisch-germanisch denkende (denkende?) Großmutter et-

was einzuwenden, gegen den Gleichklang nämlich – wollt ihr wirklich, dass das Kind „NS-Volks-Wohlfahrt" gerufen wird?
Die Mutti wollte nie Emma heißen. „Die Möven sehen alle aus, als ob sie Emma hießen…" Eben. Nie hätte sie von ihren Töchtern verlangt, dass sie eines ihrer Mädchen „Emma" nennen. „Helene" hat ihr auch nicht gefallen – ihrer Jüngsten hat sie den Namen „Hella" gegeben, nach der eigenen Mutter, unserer herrischen Großmutter. Dabei sah die kleine Hella doch eher der lieben Oma Karoline ähnlich, fanden die Grazer Onkel und Tanten.
Meine jüngste Schwester Hella ist, ebenso wie die kleine Roxana, im Jänner geboren, ganz am Anfang der Fünfziger, in denen diese meine Erinnerungsversuche angesiedelt sind, und sie ist, wie wir älteren Geschwister alle, ein Wunschkind. Sie ist die achte in der Geschwisterreihe. Es gab einen etwas längeren Abstand nach dem vorangegangenen Kind – der Vati war ja eingerückt, dann in Gefangenschaft und nach seiner Heimkehr von Zeit zu Zeit eingesperrt oder wochenlang auf dem Bau. Vor allem war er müde, müde, müde. Das kleine Mädchen, ein blonder, blauäugiger Sonnenschein, ist wohl ein Symbol dafür, dass es jetzt bald aufwärts gehen wird. Wir lieben sie, alle. Nicht einmal der Jüngste, der fast fünfjährige Hansi, ist eifersüchtig. Wir verwöhnen sie, alle.

Ich schleppe sie mit in die Ursulinenschule, in meine geliebte Klasse, und gebe richtig an mit der kleinen, hübschen Schwester – niemand von meinen Schulkameradinnen hat eine kleine Schwester! Die Wohnung in der Villa Mathilde platzt aus allen Nähten, aber das Kind wächst pummelig, rund und gesund in einen langen Sommer hinein. Bis zum nächsten Winter dauert es noch.
Die Großmutter kommt aus Deutschland angereist. Die österreichischen Nazis wurden entnazifiziert – welche Umerziehung an den ausgewiesenen Österreichern praktiziert wurde, die als Illegale vor dem „Anschluss" nach Deutschland, ins „Reich" gingen und nun Bundesrepublikaner sind, weiß ich nicht. Geändert hat sie sich jedenfalls nicht, die frühere Frauenschaftsführerin. Warum auch – der Führer ist tot, aber Deutschland lebt. Mein geliebter, sanfter, intellektueller Großvati ist gestorben, die Großmutter muss und kann nun reihum ihre Herrschsucht an ihren zwei Söhnen und ihrer Tochter, unserer Mutti, und deren Kindern ausleben. Die Mutti würde sie nicht brauchen, sie ist das Kinderkriegen und Kinderaufziehen gewohnt, aber die Großmutter will gebraucht werden. So rauscht sie wieder an mit ihrem abgewetzten braunen Koffer, gerader Rücken, breiter Schritt in flachen Schuhen, das leuchtendweiße Haar haltbar dauergekräuselt (im Reich, sie sagt noch immer Reich, gibt es

schon die heißen Dauerwellen – wir in Österreich sind noch weit hinten), düster-schwarz zusammengewachsene Augenbrauen, verkniffener Mund.
Wir müssen uns von ihr küssen lassen, keine Chance, den Kopf wegzudrehen. Ich mag sie nicht, sie mag mich nicht, noch viel weniger mag sie die Buben. Geht sie bei einem Buben vorbei, so gibt sie ihm heimlich einen Tritt. Ich sehe es ganz genau. Sie sagt nie, wie lange sie bleibt, sie bringt die ganze Familie durcheinander, und fährt erst dann ab, wenn sie beleidigt wird oder beleidigt ist. Sie fährt ab zum nächsten Sohn, wo sie dasselbe Spielchen spielt, bis sie von der Schwiegertochter hinausgeworfen wird und den Besuchsreigen neuerlich beginnt.
Ich heule der Mutti vor, wie gemein die Großmutter zu mir ist und zu den Buben. Die Mutti ist auch nicht glücklich, aber... „Sie ist doch meine Mutter."
Die Großmutter war vor dem Krieg, in der Systemzeit, wie die Erwachsenen sagen, Heimarbeiterin bei Kastner und Öhler in Graz, obwohl sie, die Friseurstochter, durch Heirat eine „von" geworden ist. Hella VON Hofmann. Mit einem f. Sie kann also gut schneidern, wenn sie gut aufgelegt ist. Wie sehr wünsche ich mir eine Fischerhose, knielang, kess – in ihren guten Momenten verspricht sie mir die Anfertigung einer solchen. Ich sollte versu-

chen, sie bei Laune zu halten. Dann habe ich in ihren Augen wieder irgendetwas angestellt, mag sein, die Suppentöpfe und Pfannen nicht ordentlich geschrubbt (ich stelle sie immer mit rußigem Boden ins Küchenkastl, weil mir so graust vor dem Abwaschen im fettig-kalten Wasser), mag sein, das Misthäuferl nicht ordentlich zusammengekehrt, mag sein, die Haarbürste nicht von den ausgekämmten Haaren gesäubert, (es handelt sich um die einzige, die Familienhaarbürste, in der die Haare sämtlicher Familienmitglieder verfilzen, auch Großmutters schneeweiße Pracht, und ich ekle mich unsäglich bei dieser Arbeit)... wie auch immer – sie hat einen Grund gefunden, ihre Macht auszuspielen, sie lässt das begonnene Werkstück liegen, auf der alten Singer-Nähmaschine, damit ich ja sehe, von wem ich abhängig bin. Ich hasse die Großmutter mit aller Inbrunst.

Im Kuckuckszimmer stehen auf einem vom Vati gebastelten Regal die Bücher, die ich alle schon mehrmals gelesen habe. Ludwig Thoma ist dabei, die „Lausbubengeschichten", die Tante Frieda mit ihrem Paperl, dem Papagei, dem der kleine Ludwig einen bösen Streich spielt, um die Tante Frieda zu vertreiben.

Dass dem Papagei übel mitgespielt wird, tut mir eigentlich leid. Er kann ja nichts dafür. Aber die Tante Frieda, die tut mir nicht leid – sie ist die Großmutter – wie sie leibt und lebt.

Ich lege das aufgeschlagene Buch auf die Singer-Nähmaschine. Die Großmutter redet ab jetzt kein Wort mit mir. Drei Tage später reist sie ohne vorherige Ankündigung ab. Nach Graz, zum Onkel Alfred und zur Tante Paula mit ihren sechs Kindern, die viel lieber, hübscher, besser, gescheiter, anständiger und weniger frech sind als die Kopper-Kinder.

Jahre später, als die Großmutter längst in ihr geliebtes Walhalla eingegangen ist – Unsinn, sie hat doch nie daran geglaubt, denn inzwischen ist sie in den Schoß ihrer Kirche zurückgekehrt, hat in einem evangelischen Stift einen Platz gefunden, in dem sonst nur Adelige aufgenommen worden sind, die Baronin Kügelen zum Beispiel und die Gräfin wasweißich –, jedenfalls lang nach ihrem Hinscheiden, da tauschen wir Krumpendorfer Kopper-Kinder mit den Grazer Hofmann-Kindern („von Hofmann" eigentlich, aber der Adel wurde in Österreich leider abgeschafft...) unsere Großmutter-Erlebnisse aus. Und siehe da – dieselben Vorbehalte, die wir gegen die Grazer hatten, hatten diese gegen uns. Die gute Großmutter hatte uns gegenseitig ausgespielt, wechselseitig alles gelobt, was sie soeben runtergemacht hatte, überall war es schön, wo sie gerade beleidigt abgereist war, das Zimmer sauberer, das Essen reichhaltiger.

Wenn ich mich richtig erinnere...

Reichhaltig ist unser Essen jedenfalls in den beginnenden Wiederaufbaujahren, in den frühen Fünfzigern. Die Mutti schaut auf uns, niemand von uns Kindern hungert. Freilich – Besonderheiten, Extrawürste, Exotisches kommt nicht auf den Tisch, dazu reicht das Geld nicht, das jetzt wieder eine Rolle spielt nach der Währungsreform und der schrittweisen Abschaffung der Lebensmittelmarken. Der Vati darf noch immer nicht unterrichten, er schuftet als Schwerarbeiter, als Taglöhner auf dem Bau oder auf Kohlenhalden. Nach wie vor sind wir Sammler, wenn schon nicht Jäger. Obst wird gesammelt, erbettelt, geklaut – es ist vorhanden im Überfluss, wenn es auch nicht immer auf unseren eigenen Bäumen und Sträuchern wächst.

„Befiehl den letzten Früchten voll zu sein" – den Früchten aus aller Welt wird keine Gelegenheit gegeben, dem Befehl nachzukommen. Unreif werden sie gepflückt, um in den übervollen Supermärkten zu locken, ob es nun ihre Saison ist oder nicht – außen hui, innen pfui... Ihr Geschmack ist verwechselbar. Mach den Versuch – mit geschlossenen Augen kannst du eine Banane nicht von einem Kohlrabi unterscheiden, eine Birne nicht von einer Rübe. Tropische Früchte, Kiwis zum Beispiel, die erst in den letzten Jahren nach Europa eingeführt wurden, gibt es ohnehin nur in zwei Reifegraden: unreif oder faul bzw.

steinhart oder matschig. Manchmal vermute ich, sie sind nicht nur bestrahlt, sondern auch programmiert, und zwar auf das Klingeln der Registrierkassen: Kaum hören sie den Piepser „Bezahlt“, schon fallen sie faulend in sich zusammen…

Auf den Tisch der fruchtbaren und zu sättigenden Nachkriegs-Großfamilie gelangen Früchte des eigenen Schrebergartens, Erdbeeren, Ribisel, stibitzte Marillen und Pfirsiche, mehr oder weniger erlaubt zusammengeklaubtes Fallobst, die Kirschen aus Raach, die nach dem Tod der lieben Oma allerdings ausbleiben, und vor allem Schwarzbeeren, seltener Brombeeren, Himbeeren, Walderdbeeren – frisch aus dem Wald, schnell zu Kompott verkocht, in Rexgläser und Flaschen abgefüllt für den obstlosen Winter. Makellos frisches Obst wird uns Kindern allerdings nicht zugestanden. Wir bekommen nur, was zu überreif, zu angefault zum Einkochen ist. Auch da sind genug Vitamine drin, meint die Mutti. Die Vorsorge für den Winter, in dem es noch weniger Geld gibt, weil der Vati als Bauarbeiter arbeitslos wird und stempeln gehen muss, hat Vorrang.

Der Winter 1950/51 ist mein Tanzkurswinter mit allen Aufs und Abs der Backfischzeit, mit Schwarmliste und erster, zweiter, dritter großer, ganz großer, ewiger und durchwegs unerwiderter Liebe. In unserer Klasse tauchen die ersten „Valentine-Karten“ aus Amerika auf, die wir ki-

chernd und rätselnd austauschen: „Let me be your Valentine!" Was das bedeuten soll, weiß keine. February 14th = Valentine? Am 21. habe ich Geburtstag, so ein Zufall! Für meine Eltern ist der zu Ende gehende Winter ganz und gar nicht so unbeschwert, wie sie ihn mir zu gestalten versuchen. Die Mutti schaut immer schlechter aus, der Vati wirkt mager und sorgenvoll. Es wird wohl im März gewesen sein, als der Altschnee von den Dächern tropft, der Weg zur Villa Mathilde wieder zu einem Schmelzwasserbach wird, eine Ahnung kommenden Frühlings in mein jungfräuliches Herz zieht – bestimmt war es so ein hoffnungsvoller Tag, als die Eltern mich, die Älteste, in eine geschwisterfreie Ecke ins Kuckuckszimmer holen und mir, um Worte ringend, ganz gegen sonstige Familienusance gemeinsam eröffnen, dass wieder „etwas" unterwegs ist.

O Gott – nicht schon wieder! Nicht noch ein neuntes Kind! Nicht schon wieder stinkende, trocknende, dampfende Windeln, Kinderkrankheiten, ein brüllendes Baby in der Wiege, wochenlanger Großmutterbesuch! Nicht schon wieder Bitt- und Bettelgänge, Bitt- und Bettelschreiben in Sachen „kinderreiche Familie"! Und außerdem – ich komme doch in die Maturaklasse! Wie peinlich! Was wird denn aus unserer süßen blonden Schwester, die endlich einmal etwas mehr Aufmerksamkeit und Verwöhntwerden genießen

durfte als die früheren jeweils letzten Babys?! Muss sie schon wieder eine zweite Geige in unserem Riesenorchester spielen?
Soweit ich mich zurückerinnere, hatten nahezu alle bisherigen Offenlegungen in Sachen „Ein Brüderchen/ein Schwesterchen wächst in Muttis Bauch“ in durchaus feierlicher Form in Abwesenheit vom Vati stattgefunden. Schwangerschaften manifestierten sich ja erst Wochen nach Vatis Front- und Heimaturlaub. Immer hatte ich mich auf das Wachsen der Kinder in Muttis Bauch gefreut, hatte ihr Strampeln ertastet, war gern die Älteste gewesen, hatte an den Babyköpfchen gerochen und die Kleinen gehütet und versorgt. Naja – fast immer. Zumindest habe ich es hingenommen wie Frühling und Sommer, Herbst und Winter. Jetzt aber heule ich empört und verzweifelt, ohne Rücksicht auf die Mutti, die doch diese zehnte Schwangerschaft in der Tat hautnäher betrifft als mich egoistisches Wesen, ohne Rücksicht auf den sehr verlegenen und der Situation so gar nicht gewachsenen Vati .
Sie brauchen lang, um mich zu trösten. Sie hätten wohl selber Trost und Rat gebraucht.
Frühling wird es und Sommer, aus den Stimmungen „zu Tode betrübt“ und „himmelhoch jauchzend“ pendelt sich mein Seelenleben ein. Nach anfänglichem Durchhängen schaffe ich auch in der 7. Klasse wieder einen Vorzug, den ich

benötige, weil ich ehrgeizig bin und außerdem nur so vom Schulgeld befreit werde. Wenn ich schon nicht hübsch bin, wenn mich schon niemand liebt, will ich wenigstens gut sein und halt selber lieben.

Es wird Herbst, wir sind jetzt „Maturantinnen". Drei-, viermal pro Woche gehe ich ins Theater, das steht mir zu für meine Bildung. Ende Oktober singt der Bass Wilhelm Strienz im Stadttheater, ja, DER Strienz, der im sonntäglichen Wunschkonzert während des Krieges „Heimat, deine Sterne" georgelt hatte und „O mein liebiebes Riesengebirge..." und „Im tiefen Keller sitz ich hier bei eiheinem Glas voholl Reeeeben...". Musikberauscht komme ich heim in die „Villa Mathilde". Während ich im Konzert den Liedern und Arien gelauscht hatte, bringt die Mutti im Kuckuckszimmer – der Vati ist schon wieder nicht dabei, er ist im Lavanttal in seiner Bauarbeiterbaracke – einen kleinen Bruder auf die Welt.

Natürlich hat die Großmutter wieder das Szepter in die Hand genommen. Bis jetzt ist sie noch erträglich. Sie geht sogar mit ins Kino, wenn sich Maria Schell, das Seelchen, an Dieter Borsches Uniformbrust die Augen aus dem Köpfchen weint. Die Großmutter schwärmt für Dieter Borsche.

Am Wochenende kommt der Vati heim. Die Großmutter öffnet die Tür und schleudert ihm

entgegen: „Dass du es weißt – Dieter heißt er!!!" Basta. Die „W-Reihe" der Buben ist unterbrochen, die Großmutter will es so.
Der Vati ist stolz auf seinen lockigen Sohn und wütend auf die herrische Großmutter. Der Vati hat nichts zu sagen, das sagt er immer öfter. Ich bilde mit dem Vati eine Front gegen die Großmutter, und eines Tages gelingt uns der Sieg. Der Anlass ist läppisch – waschläppisch: Die Großmutter behauptet, man wäscht sich von oben nach unten mit einem Waschlappen. Der Vati behauptet, Waschlappen werden zu wenig oft gewaschen und sind Keimschleudern, deswegen ist er gegen Waschlappen und wäscht sich mit der bloßen Hand. Mir ist es im Grunde genommen wurst, ich vermeide das Waschen mit oder ohne Waschlappen, beschränke es auf das unbedingt Notwendige an sichtbaren Stellen. Die Großmutter beharrt rechthaberisch auf ihrer Meinung, der Vati und ich zwinkern uns verschwörerisch zu. Das war's.
Vier Wochen würdigt sie uns keines Wortes. Vier Wochen übersieht sie den Vati geflissentlich, gibt sie mir keine Befehle, muss ich keinen Küchenboden schrubben, wasche ich (der Mutti zuliebe) das Geschirr ab, aber nur, wenn es mir passt. Vier Wochen kein Geschrei, nur feindseliges Schweigen. Die vor mehr als einem Jahr versprochene knielange Fischerhose bleibt unvollendet. Sei's

drum. Der Vati und ich richten uns in dem Terror ganz gemütlich ein, nur die Mutti leidet.
Es geht auf Weihnachten zu – dieses Fest wird sie uns doch nicht versauen? Neun Kinder, davon ein Baby, und dazu noch die streitbare Großmutter, in dieser kleinen Wohnung? Lieber Gott – lass das nicht zu!
Mein lieber Gott erfüllt schon wieder einen Wunsch. An einem adventlichen Samstag, dem letzten Schultag einer langen Woche, strahlt mich die Mutti schon an der Wohnungstür an. Unsere Großmutter ist abgereist, ohne Vorankündigung, ohne großen Abschied, ohne Gruß, hat ihren alten braunen Koffer gepackt und ist hocherhobenen Hauptes, ganz gekränkte Königin, zum Bahnhof marschiert.
„Ich hab mir fest vorgenommen", sagt die Mutti, „nie so zu werden wie sie..."
Das habe auch ich mir vorgenommen.

5. Kapitel

Gib ihnen noch zwei
südlichere Tage

Als Schülerin hatte ich, linkshändig und auf rechts umtrainiert, Schwierigkeiten mit den Himmelsrichtungen, und zwar größere Schwierigkeiten mit West-Ost als mit Nord oder Süd. Dabei hätte der politische Gegensatz, der Kalte Krieg, bei der West-Ost-Orientierung unterstützend sein können – was ja, politisch gesehen, auch der Fall war.

Der Osten – das war die russische Besatzungszone, alles, was hinter der Demarkationslinie an Enns und Semmering lag, verlottert, grau, gefährlich. Russische Gefangenschaft, politische Verschleppte, Sibirien, USIA-Betriebe; das waren alle östlichen Länder unter russischem Einfluss, Polen, Ungarn, die Tschechoslowakei, Rumänien, Bulgarien – wir kannten sie aus den Wochenschauen und russischen Propagandafilmen, ärmlich, trostlos, kommunistisch. Kein Zusammenhang mit den fröhlichen Operettenmelodien, die aus dem Hornyphon dudelten („Komm, Cigán, komm, Cigán, spiel mir was vor…“, „Sari hot selber nix, mocht nur äinen Knix“, „…Der Polin Reiz ist unerreicht…“, „Komm mit nach Warasdin, solange noch die Rosen blühn…“, „Klänge der Häimat…“). Über die Demarkationslinie bin ich nie gekommen, so lange es sie gab. Mein östlichster Grenzpunkt ist und bleibt für lange Zeit Graz, die Omama in Raach.

Der Westen – das war die Schokolade-Schweiz, das waren Frankreich (wir wollen so schlank und schön und rauchstimmig und bleich sein wie Juliette Gréco), England (über England lernen wir ziemlich viel durch unseren Englischprofessor Dr. Zauner, der angeblich selbst nie England gesehen hat) und vor allem Amerika, das war die früher so verteufelte Negermusik, Glenn Miller (kein Neger – trotzdem Negermusik), Lionel Hampton, Count Basie, Louis Armstrong; das waren schmissige Filme, George Gershwin, Roger & Hammerstein, knallbunte Revuefilme, kubanische Rhythmen, „I love Paris in the springtime“, Leslie Caron, Audrey Hepburn, Marcel Prawy mit seinem „Bunten Wagen“, der uns die ersten Musicals nahebrachte, („Kiss me, Kate“, „Oklahoma“, „Annie get your gun“), das war die Österreichisch-Amerikanische Gesellschaft, die Österreichische Liga für die Vereinten Nationen, Western, Krimis, das war Genuss und Überfluss, Reichtum und Schönheit. Niemand aus unserer Klasse war jemals in England, Frankreich oder gar Amerika gewesen. Mir jedoch hatte sich ein Fenster in dieses Schlaraffenland bei meinem Schweizaufenthalt geöffnet. So hatte ich zumindest eine Ahnung davon, was Wohlstand und Sauberkeit bedeutet.

Der Norden – das war Düsternis, Edda, Friesland, Dänemark mit Helsingfors, dem Hamlet-Schloss, Kälte, Ewig singen die Wälder, Beowulf, Wieland der Schmied, Hadubrand und Hildebrand, Königin Christine, Gustav Adolf, Nils Holgerson, die Asen und Nornen und Wigalaweia. Wie man bemerkt, beschränkte sich meine (unsere) Kenntnis des Nordens auf die Literatur.

Aber der Süden, so nah und doch so unerreichbar... Der Süden war nicht etwa Jugoslawien, das rechneten wir dem Osten zu – der Süden war Italien, und das bedeutete Rom: Ab urbe condita, sieben-fünf-drei, Rom schlüpft aus dem Ei. Der Raub der Sabinerinnen. Romulus und Remus. Dido und Aeneas. Die Punischen Kriege. Die sieben Könige: Romulus, Numa Pompilius, Tullus Hostilius, Ancus Marcius, Tarquinius Priscus, Servius Tullius, Tarquinius Superbus. Die Sieben Hügel Roms: Palatin, Kapitol, Quirinal, Viminal, Esquilin, Caelius, Aventin. Die Via Appia antiqua aus dem Lateinbuch. Caesar und Cleopatra. Caesar und Augustus. Caesar und Brutus. Gaius Iulius Caesar – bekannt durch den Roman von Mirko Jelusich. Roma antiqua – bekannt aus „Ein Kampf um Rom“. Roma, Cittá eterna. Das Goldene Zeitalter der Dichtkunst, das Silberne. Caesar – „De bello Gallico“: Gallia est omnis divisa in partes tres. Cicero, bekannt aus dem Lateinunterricht und aus den damals so gern gelesenen historischen Romanen von Mirko Jelusich oder Gerhart Ellert – einem Schriftsteller aus Kärnten, der eigentlich eine Frau war. Quousque tandem abuteris, Catilina, patientia nostra. Ovid, die Metamorphosen: In novum fert animus mutatas dicere formas. Vergil – Aeneas. Tacitus. Livius. Das ist der Süden, das ist Italien, das ist Rom.

Eigentlich hätten wir mehr über Italien wissen müssen. Es hatte doch eine Achse Rom-Berlin gegeben, (später erweitert um Tokio), es hatte Benito Mussolini gegeben, die Abruzzen und den Gran Sasso d'Italia, wo der Duce interniert und vom Helden Skorceny entführt („befreit“) worden war. Wir hatten Filme wie „Don Camillo und Beppone“, „Bitterer Reis“ und „Pane, Amore e Fantasia“ gesehen, die Capri-Fischer und O sole mio gehört, im Stadttheater Klagenfurt schmalzte Salvatore Romano alle Verdi- und Puccini-Tenorpartien auf Italienisch, ohne Rücksicht darauf, dass die anderen Sänger auf Deutsch sangen – jedoch: mein Bild vom Süden war mindestens 2000 Jahre alt, ab urbe condita. Das heißt, ich kannte den Süden nicht.

Ich lernte den Süden – oder das, was wir darunter verstanden – jedoch kennen.

Ich bin in der Maturaklasse. Jede Maturaklasse macht eine Maturareise. Wer bei der Matura durchfällt, darf an der Reise nicht teilnehmen. In unserer Klasse wird wahrscheinlich niemand durchfallen, ein Drittel hatte bereits in der Siebenten einen Vorzug. Trotzdem beschließen wir, die Maturareise sicherheitshalber bereits in den Osterferien anzusetzen, damit wirklich jede mitfahren kann. Die Maturareise wird nicht billig, wir müssen sparen, einzeln und im Kollektiv.

Die erste Einkommensquelle ist unser Maturaball. Maturabälle werden aus verschiedenen Gründen veranstaltet – schließlich soll in der Praxis ausprobiert werden, was die Tanzschule Tachler uns beigebracht hat, im Tanzkurs I und II und in der „Perfektion". Vor allem aber heißt es, Geld für die Maturareise zu sammeln. Das Finanzamt kümmert sich in jenen Zeiten nicht um Maturabälle. Mütter backen Kekse, Töchter sammeln „Beste" für die Tombola, laden Tänzer und Gäste ein (vornehmlich Schauspieler, die zwar kein Geld haben, aber das Image unglaublich heben). Das Eintrittsgeld und der Gewinn kommt in die Klassenkasse.

Das Kränzchenkleid, das ein Jahr zuvor beim Abschlusskränzchen der Tanzschule Tachler das Non plus ultra gewesen war – das schweinerosa Kleid aus Crêpe de Chine, taillenlos, mit zaghaftem Ausschnitt und schwarzer Satinblende, die ein Dekolleté vortäuschte, angefertigt von der Eg-

ger-Mami in ihrem Bauernhäuschen weit ober Krumpendorf –, dieses unterrockfarbige Kleid hatte ausgedient. Bei Rosa und Schwarz bin ich aus unerfindlichen Gründen geblieben. Für das Oberteil wähle ich ein schärferes Rosa, „altrosa" heißt es, changierender Taft-Moiré, darüber sündig-schwarze Spitze, viel zu alt für eine Siebzehnjährige, schulterfrei, sicherheitshalber mit Spaghettiträgern versehen. Der Rock aus einfachem, knisterndem schwarzen Taft mit angesetzter Rüsche, die sich abtrennen lässt. Nun ja, die Schneiderin ist günstig, eine Tante meiner aller-, allerbesten Freundin erbarmt sich meiner und fertigt mir – nach eigenen Entwürfen – das „Ballkleid" an, das teilweise auch als Maturakleid dienen soll. Schwarzer Taft lässt sich abwandeln und kombinieren.

Ganz richtig schulterfrei, trägerlos (nach dem Motto: Bleibt's oben, soll sie's tragen…) kann sich nur die bewunderte Lisl Romanin leisten, die schon vor uns maturiert hat und uns die Ehre des Ball-Besuches gibt. Ich erinnere mich genau – es ist ein hellgelber Organzatraum, die Corsage eng, der Rock verschwenderisch weit, hübsche runde Schultern und ein beneidenswertes Dekolleté – in das einem Gerücht zufolge der windige Gasttenor Salvatore Romano, von seinem südlichen Temperament überwältigt, hineingebissen haben soll…

Man sieht: Es geht uns besser. Die Sechsmalneun-Schwarz-Weiß-Bilder aus meinem Fotoalbum beweisen, dass ich es inzwischen verstehe, mich einigermaßen schick zu kleiden, obwohl der Vati als Arbeiter in der Baustoff-Fabrik vom Onkel Karl noch immer nicht viel Geld nach Hause bringt.

Wohl gebe ich Nachhilfestunden, in Englisch und Latein. Die Stunde bringt mir acht österreichische Schillinge, fünf Stunden sind der Wert einer Opernplatte, „His master's voice", eine Arie vorn, eine hinten.. Ich kenne den Tarif – nur nützen mir Opernplatten nichts, weil ich keinen Plattenspieler habe. Der Bubi Stossier aus Pörtschach hat einen Plattenspieler, bei dem man nach jeweils zehn Platten die Stahlnadel auswechseln muss, aber der Bubi Stossier spielt hauptsächlich Tanzplatten, Hans Albers und so. Wenn ich jemals Geld haben, jemals verdienen werde, wird meine erste Anschaffung ein Plattenspieler sein.

In der 8. Klasse sollte man sich für die Matura vorbereiten. Im Jänner ungefähr muss man sich entscheiden, in welchen Gegenständen man zur „Mündlichen" antreten will. Ich bin gut, ich bin ehrgeizig, ich bin schlau. Ich liebe gute Noten – tue aber nur das dafür, was ich für unbedingt notwendig erachte. Ich hasse Turnen (seit dem Schikurs bin ich sogar in diesem Gegenstand besser geworden – oder habe einen besseren Ruf), ich

fürchte Geographie (wird von der Turnlehrerin unterrichtet – weil ich also in Turnen besser geworden bin, bekomme ich auch gleich bessere Geographienoten), verabscheue eigentlich Chemie (der Vati ist Chemiker, er bereitet mich auf jede Prüfung vor, danach bemühe ich mich, den gepaukten Stoff so schnell wie möglich zu vergessen). Die Sprachen machen mir kein Problem, außer Slowenisch – aber die Slowenisch-Arbeiten schreibt mir die Martha Pippan, die in Laibach geboren ist und für alle die Slowenisch-Arbeiten schreibt. Alles andere ist eine „g'mahte Wies'n". Ich melde mich zur „Mündlichen" für Deutsch, Latein, Mathematik – diese Gegenstände und darüber hinaus Englisch kommen ohnehin zur „Schriftlichen", ich muss daher nur einmal lernen und erspare mir viel Zeit. Vorzugsschülerinnen werden in Ruhe gelassen. Wer einen Gegenstand zur Mündlichen gewählt hat, gilt als interessiert und hat einen Bonus. Statt verfrüht zu strebern, gehe ich lieber ins Theater. Drei-, viermal die Woche.
Eine Nachhilfestunde bringt, wie gesagt, acht Schilling, ein Stehplatz kostet drei Schilling. Auch der billigste Sitzplatz – 2. Reihe Galerie Seite (man sieht schlechter als auf dem Stehplatz, sitzt aber besser) – kostet nur erschwingliche drei Schilling fünfzig.
Zweite Reihe Galerie Seite, rechts: unser Stamm-

platz. Fred Filippi, Spieltenor und singender Bonvivant, ist weitergezogen, macht vielleicht Karriere. Sein Fach hat Fritz Fischer übernommen, der später Fotografenmeister wird und ein Fotogeschäft in der Kramergasse aufmacht, sehr vernünftig. Maria Bowoden singt die dramatischen Sopran-Partien, Ingrid Petschaller die lyrischen, Rolf Polke ist unser Bariton, Hans Welz der Bass. Manchmal wird Maria Bowoden durch eine einheimische Sopranistin ersetzt, die zwar die Höhen nur kreischend schafft, aber die Frau eines Klagenfurter Kommerzialrates ist, der dem Stadttheater, auch finanziell, wohl gesonnen ist. Wenn sie die „Aida" singen darf, haben wir halt Pech gehabt – wir gehen ohnehin noch öfter in „Aida". Einen ständigen Tenor gibt es nicht, manchmal singt Salvatore Romano („'abe ick Bambini in jeder Stadt – piccoli, grandi, so, soo, sooo…"), Jörg Fekesa, Wenko Wenkoff, Sebastian Feiersinger, als Operettentenor ist Albrecht Kornhäusl unvermeidlich. Einmal singt jemand, dessen Namen ich vergessen habe, er soll ein Bruder von Anton Dermota sein. Möglich.

Mit der letzten Straßenbahn vom Heiligengeistplatz fahren wir heim. In derselben Tramway fahren einige Sänger, Schauspieler, die im Klagenfurter Strandbad wohnen, das damals wohl Zimmer zu vermieten hatte, oder im Gasthof Müller in der Kohldorfer Straße, oder beim Dermuth, eben-

dort. Wir machen uns wichtig, kichern und drängen uns dicht an die Stars, aber trauen uns nicht, sie anzusprechen. Noch nicht. Unsere Straßenbahnerlebnisse sind das Morgengespräch am nächsten Schultag.
Im Frühling 1952 kommt Maxi Böhm nach Klagenfurt mit seiner „Großen Chance". Das ist eine ungeheuer populäre Quizsendung, bei der der Kandidat sechs immer schwieriger werdende Fragen zu beantworten hat, wofür es auf jeden Fall Waschmittel (Henkel, Pril, Omo, Persil, Radion?) gibt. Die steigenden Geldpreise jedoch sind verloren, wenn eine Frage nicht beantwortet wird.
Wir brauchen Geld für die Maturareise und haben mehrere Eintrittskarten ergattert. „Die große Chance – sie steht vor deiner Tür..." Es ist ausgemacht: Wenn eine unserer Karten gezogen werden sollte, habe ich als Kandidatin auf die Bühne zu gehen – „du hast die größte Gosch'n".
Ganz Kärnten, ganz Österreich hängt am Radio. Tatsächlich wird eine unserer Karten gezogen – ich muss raus. Tatsächlich beantworte ich spielend die Fragen eins und zwei. Dann kommt die Frage drei: Welcher Vogel nistet in den Ackerfurchen? Kein Problem – es ist die Wachtel. Nein? Ist sie nicht? Na – dann eben die Lerche! Damit hätten wir bereits 375,– ÖS. Auch nicht – durchgefallen, zurück in den Saal. Das Publikum protes-

tiert, Maxi Böhm liest von seinem Zettel „Das Rebhuhn", ich bekomme Applaus und ziemlich viel Pakete Radion, aber kein Geld. Wachtel, Lerche – ich hab bestimmt recht gehabt. Auch die Fragen vier, fünf und sechs hätte ich einwandfrei beantworten können – fast zweitausend Schilling für die Maturareise, war wohl nichts.
Nicht nur das Publikum protestiert gegen die ungerechte, die falsche Entscheidung. Die Zeitungen sind voller Empörung. Damals machte man sich noch die Mühe, spaltenlange Artikel und Leserbriefe zu schreiben und zu veröffentlichen. Die „Neue Zeit" titelt „Wachtel kontra Rebhuhn", „Ein Unrecht", ich werde interviewt und fotografiert, Firmen stiften für unsere Klassenkasse das Geld, das mir, vielmehr der Klassenkasse mit der ohnehin richtigen Beantwortung der Frage drei zugestanden hätte, sie spenden zusätzlich Pril, Persil, Omo, Radion im Ausmaß des Hauptpreises. Darüber freut sich die Mutti.
Maxi Böhm entschuldigt sich via Radio, ich werde bei seinem nächsten Klagenfurt-Aufenthalt wieder antreten dürfen. Da haben wir die Matura samt Reise allerdings schon hinter uns. Wieder nix, außer ganz viel Pril, Persil, Omo, Radion....
„Die große Chance". „Wünsch dir was." „Einer wird gewinnen." „Dalli, dalli." „Der goldene Schuss." „Quiz 21." „Alles oder nichts." „Heiteres Beruferaten." Viele Quiz-Sendungen sind ab den

fünfziger Jahren ans Licht der Welt, ins Radio, ins Fernsehen gekommen, und sie sind, beweint oder unbeweint, auch wieder verschwunden. Maxi Böhm, Joachim Kulenkampff, Heinz Fischer-Karwin, Hans Rosenthal, Frank Elstner, Rudolf Hornegg, Dietmar Schönherr & Vivi Bach, Lou van Burg, Vico Torriani.... Quizmaster, Assistentinnen, Kandidaten, Stars, Tagessieger, Tagesgespräche, Eintagsfliegen, verloschene Sterne. „Die große Chance" – das war meine große Chance gewesen, die ich ein zweites Mal wieder nicht genutzt hatte. Sonderbar – ich habe die beiden „Niederlagen" ohne wesentliche Kratzer überstanden. Ich bekam noch viele große Chancen...

MATURAREISE! April 1952 – Osterwoche. Wir sind 27 Mädchen in der Klasse, fünf Professoren und Professorinnen begleiten uns. Jede hat ihren gültigen Pass mit Visum, das ist sehr wichtig, denn noch gibt es um Triest die Zone A und die Zone B. Die Kontrollen an der Grenze sind sehr streng. Wir haben einen Bus der Österreichischen Post gemietet, postgelb und mit Posthorn-Hupe, Tatütata, die Post ist da, der uns über die Grenze in Thörl-Maglern durch das Kanaltal über Florenz nach Rom bringen soll – eine Woche Maturareise, eine Woche Rom! Rund 800 Schilling kostet die Reise pro Person, alles eingeschlossen.

Wir fahren in den Süden. Wir fahren über gerade

Landstraßen (die Autobahn ist noch nicht gebaut) mit riesigen Reklametafeln rechts und links. Wir übernachten in Florenz, sehen Michelangelos David und Dantes Grabmal, riechen und spüren den toskanischen Frühling, besuchen die ersten von 36 Kirchen, die uns auf dieser Fahrt zugemutet werden, essen unsere ersten Spaghetti, erschrecken über „Pane é coperto", den Preis für das Gedeck (oft höher als für die Pasta), erfahren, dass einmal Klogehen (ohne Muschel!) „Cinque Lire" kostet, übrigens der einzige Preis, der mir erinnerlich ist – und sind voller Erwartung des Ereignisses, des Erlebnisses, dessentwegen zumindest ich für diese Reise gespart habe – ROM!
Wir wohnen in der Nähe des Foro italico (Foro Mussolini, sagen die Römer unbefangen). Wir erwandern Rom: San Pietro. Fontana di Trevi. Bocca della veritá. Forum Romanum. Santa Maria Maggiore. Die Sixtina. Das Pantheon. Rom – Rom – Rom… Es ist alles so, wie ich es mir vorgestellt habe, die Inschriften auf den Grabsteinen, der Titusbogen, die Standbilder, genau wie in meinem Lateinbuch. Mich stört nur eines, dass die Römer nicht lateinisch sprechen, sondern italienisch. Ich gehe wie auf Wolken, nein, wie auf Römersteinen. Ich bin verliebt – in Rom, in meinen Gaius Iulius Caesar, in meine Lateinprofessorin.
Die Papstaudienz im überwältigenden Petersdom, Pius XII: Vorschriftsmäßig haben wir unser

Haupt bedeckt, mit den damals üblichen winzigen „Fazzoletti", dreieckigen Tüchlein. Das Warten auf den Heiligen Vater, das Singen frommer Lieder, Weihrauch, Mystik, Pilger, Gedränge, Frömmigkeit, ein Ahnen der Ewigkeit auch für mich, die ich noch immer „o.r.B., ohne religiöses Bekenntnis" bin. Das Lauterwerden der Pilgerstimmen, das Anschwellen des Jubels, das Auftreten der Schweizergarde, die Bewegung der enggedrängten Menge – und dann: eine Bewegung hinter mir, enger, stöhnender, lustvoller. Ich drehe mich um. Ein dicker, glatzköpfiger, unrasierter Italiener versucht, seine Spannung an uns Ragazze loszuwerden und onaniert fröhlich an unseren Röcken. Bevor wir von diesem Ferkel abrücken können, es ist ohnehin kein Platz dazu, jauchzen die Nonnen in der Reihe vor uns auf, ER kommt, ER wird hereingetragen auf seiner Sedia Gestatoria, weiß, schmal, entrückt, funkelnde Brillen, segnende Hände, auch ich fische nach SEINEM HEILIGEN HÄNDEDRUCK, SEINER Hand, einer pergamentenen, schlaffen Altmännerhand, ich Heidenkind bin gesegnet von PIUS XII. – und wasche, zumindest an diesem Tag, meine Hand nicht mehr.

Wir klettern die Stufen in die Cupola hinauf. Oben geht mir die Luft aus vor Glück und Seligkeit und Atemlosigkeit, ich möchte hinunterschweben, fliegen über die Ewige Stadt, über die Vatikani-

schen Gärten. Als ich wieder unten ankomme, ganz normal über die Stufen, falle ich in Ohnmacht – nur für Sekunden und zum ersten Mal in meinem Leben, endlich! Meine angebetete Lateinprofessorin kümmert sich um mich, macht sich Sorgen, streichelt mich, will mich aufwecken – ich bleibe ein bisschen ohnmächtiger, gewährt mir doch nur noch diese Minuten, so schön ist dieses Gefühl, so schön…

Als der Alltag wieder einzieht, ein paar Wochen später, möchte ich beim Vati einen weiteren Ausgang, vielleicht den fünften in dieser Woche, durchsetzen. Er ist, verständlich, dagegen. Wie ging denn die Strategie? Tief atmen, tief atmen, immer schneller – gleich klappt es, gleich falle ich in Ohnmacht, jetzt habe ich den Trick heraußen – schon wird mir herrlich schwarz vor den Augen – klatsch, knallt mir der Vati, der den Trick instinktiv durchschaut, eine Ohrfeige, dass ich rücklings auf das Elternbett falle, von dem aus ich die Attacke gestartet hatte. Meine erste erinnerliche Ohrfeige – und zugleich meine letzte. In der Maturaklasse! (A g'sunde Watsch'n – mir jedenfalls hat sie nicht geschadet, obwohl ich den Vati mit großmutterähnlichem Schweigen strafte, tagelang).

Jahre habe ich von dieser Maturareise gezehrt, mir die historischen Stätten in Rom, Florenz, Assisi, Ravenna, Padua, Venedig in Tag- und Nachtträumen herbeigeträumt. Viele Jahre später erst habe ich mir mit meiner kleinen Tochter einen Adria-Urlaub geleistet am „Teutonengrill" in Caorle, noch Jahre später bin ich zum zweiten Mal nach Italien, nach Rom gefahren, und dann zum dritten, vierten und fünften Male. Bald wird es wieder nötig sein, dieses Auftanken in der Stadt, in der jeder zu Hause ist, in der jeder beim Aufwachen weiß: Ich bin in Rom, ich bin daheim.

Blühender Mai ist es geworden in unserem Dorf, unserer Stadt. Von den Karawanken fällt der „Jauk", der südliche Föhn ins Tal. Die schriftliche Matura liegt vor uns, ich habe kaum etwas gelernt – was soll ich für Englisch und Latein lernen, da heißt es bloß übersetzen, in Mathematik bin ich auch nicht schlecht, und der einzige Gegenstand, in dem es auch zu Stofffragen kommen könnte, ist Deutsch. Wir wissen aber, es stehen drei Themen zur Auswahl, eines davon müsste mir liegen, eines davon soll angeblich ein sogenanntes „Schwefelthema" sein, ein freier Aufsatz, darauf will ich mich verlassen. Der Direx, ein ziemlich unbegabter Germanist, hatte uns nie zu begeistern vermocht, seine Stunden spielen sich so ab, dass er Passagen aus dem „Tschulik" (einem Literaturbuch) vorliest, von eigenen methodischen Stundenbildern hält er nichts. Er wird uns auch bei der Matura nicht wehtun.

Am Tag der Deutsch-Matura scheint sich meine

Unbekümmertheit zu rächen. Die drei Themen haben es in sich: „Vom Wesen und Werden des Staates“ – aha, Staatsbürgerkunde, keine Ahnung; also nächstes Thema:. „Erfindungen und Entdeckungen der letzten Jahrzehnte und ihre Auswirkung auf Politik und Wirtschaft.“ Dürfte wohl mit Physik zu tun haben; in Physik habe ich meine Zeugnisnote schon fix, an Erfindungen kann ich mich nicht erinnern. Vielleicht hätte ich in den letzten Wochen doch die Nachrichten im Radio anhören sollen und nicht nur die Opernkonzerte und Kabarettübertragungen. Macht nichts, es gibt ja noch ein drittes Thema, fantasieren und frei fabulieren kann ich gut. O weh – „Die soziale Lyrik des 19. Jahrhunderts.“ Stoff für die mündliche Matura – und diesen Stoff wollte ich eigentlich in den drei Wochen zwischen schriftlicher und mündlicher Reifeprüfung pauken... Was tun? Mit fliegenden Fahnen untergehen?
Als Mozart-Verehrerin kenne ich nicht nur alle seine Opern, sondern auch einige Biographien. In einem dieser Werke beschreibt ein ebenso glühender Verehrer (hieß er Meyer?) das Entstehen von „Le Nozze di Figaro“, das Werden der Ouvertüre, das Grollen des unterdrückten Volkes in den Anfangstakten, die Fanfaren, die die Französische Revolution ankündigen – das ist es. Hilf, Meyer, hilf, Mozart! Acht Seiten lang steigere ich mich in die Figaro-Ouvertüre hinein, fühle

mit den sozial Unterdrückten, kämpfe mit Figaro gegen Adel und Feudalismus, gegen das Ius primae noctis – ist doch wohl soziale Lyrik, oder? Eine halbe Stunde vor Schluss bemerke ich, dass ich mich um ein Jahrhundert geirrt habe, das 19. war gefragt, ich halte mich noch immer im 18. auf, schließlich starb Mozart 1791. Guter Rat ist teuer und umgehend nötig.
Meine Frechheit siegt. „In genialer Voraussicht…" (da hat wohl die Erinnerung an die „Vorsehung" mitgespielt…), „…In genialer Voraussicht kommender sozialer Probleme haben Lorenzo da Ponte und Mozart dieses Werk geschrieben…" (Beaumarchais unterschlage ich, der Direx scheint ihn auch nicht zu kennen, stand wohl nicht im „Tschulik").
Eine Woche lang zittere ich. „Thema verfehlt" bedeutet in der Regel ein Nicht genügend. Noch nie in meiner ganzen Schullaufbahn habe ich ein Nicht genügend in Deutsch bekommen, noch nie stand eine solche Note im Zeugnis! Die Schande würde ich nicht überleben.
Die Latein- und Englisch-Note habe ich inzwischen erfahren (beide Matura-Arbeiten waren „sehr gut"), auch Mathematik ging halbwegs glatt (es wurde ein „Befriedigend", das ich beim mündlichen Termin mit Gottes und der Mathematik-Professorin, der gütigen Jax, Hilfe dann glanzvoll zu einem „Gut" ausbessere) – aber

Deutsch, Deutsch… Der Direx lässt sich Zeit mit der Verbesserung, das ist kein gutes Zeichen. Ich fahre extra in den freien Wochen in die Schule, passe ihn ab auf dem Gang vor der Direktion, stottere, frage schweißgebadet nach der Note. „Was wollen Sie hören – sehr gut natürlich…“ ist seine gewohnt ruppige Antwort.
Wie zu erwarten, bestehe ich auch die mündliche Reifeprüfung mit Auszeichnung. Wir sind eine gute Klasse, ein Drittel schafft die Auszeichnung. Es gibt nur eine einzige negative Note, in Deutsch mündlich – und diese Kandidatin wird später Journalistin.. Ich bin nicht die Beste, wohl aber die Jüngste. Mit einem Minimum an Einsatz und Aufwand erreiche ich das Optimum. Ich habe mein Zeugnis in der Tasche, das mir bescheinigt, „reif“ zu sein. Vor vier Monaten bin ich siebzehn geworden. In vier Jahren erst werde ich „großjährig“. Ich habe mein Ziel erreicht – welches Ziel? Gibt es ein Leben nach der Matura? Was soll ich tun, was soll ich werden?
Als die letzte Kandidatin bestanden hat, treffen wir uns – ohne es groß ausgemacht zu haben – in unserer alten Klasse. Fast alle sind gekommen, vor der offiziellen Zeugnisübergabe, vor der offiziellen Maturafeier, vor der Verabschiedung. Die feierlichen dunklen Maturakleider hängen im Schrank, meines werde ich noch ein paar Mal anziehen, für das Maturafoto, ins Theater, zu einem

Ball. Zu dem Treffen, das nicht abgesprochen war, habe ich ein rückenfreies Sommerkleid angezogen, habe mir die Nägel lackiert und die Lippen geschminkt – schließlich darf ich das jetzt, ich bin ja „reif". Während der Schulzeit war das Schminken streng verboten. Da sitzen wir nun, in unseren alten Bänken mit den eingeritzten Initialen und Herzerln und Sprüchen und Mathematikformeln. Mein Kopf schmerzt, ist es der Jauk, der Föhn, der Südwind, eine beginnende Stirnhöhleneiterung? Die Spannung hat nachgelassen. Eine nach der anderen beginnt zu heulen, ganz ohne Anlass, ganz ohne Grund. Was wird aus uns werden? Müssen wir tatsächlich unseren Mutterschoß, den Schonraum „Schule" verlassen, für uns selber verantwortlich sein? Wie wird die Freiheit schmecken, auf die wir uns so lange gefreut haben?

Sieben Jahre zuvor habe ich mich so ähnlich gefühlt, im Lager Reifnitz, als im Mai 1945 das Dritte Reich zu Ende gegangen war und unsere damalige Klassenlehrerin, die gefürchtete und geliebte Dr. Funk, uns entlassen hatte zu unseren Familien in eine recht ungewisse Zukunft.

Auch heute kommt sie zu uns, wird ganz menschlich und lieb, erzählt von damals, wie sie sich Sorgen gemacht hat um uns, wie sie allein gelassen wurde mit den Berliner und Kärntner Kindern, wie sie sich gefreut hat, uns wiederzusehen nach

dem Krieg, als die Gymnasien wieder geöffnet wurden. Wir fühlen uns so hilflos wie als Zehn-, als Elfjährige. Die Mauer „Matura“ ist gefallen, doch was liegt hinter dieser Mauer?
Ich habe Angst vor dem Leben. Auf diese Aufgabe hat uns nämlich niemand vorbereitet...
Non scholae, sed vitae discimus? Non vitae, sola scholae didiscimus. Nicht für das Leben, einzig und allein für die Schule haben wir bisher gelernt. Die Schule des Lebens, sie beginnt erst, als man uns für „reif“ erklärt, aber völlig unreif in dieses Leben entlassen hat.
Die Schule des Lebens könnte für mich im Jahr meiner Matura, im Jahr 1952 beginnen.
1952 – die fünfziger Jahre sind noch jung. Wer sich heute rückblickend mit dieser Zeit beschäftigt (die bevorstehende Jahrtausendwende dürfte mit ein Grund für dieses Interesse sein), erkennt eine allgemeine Aufbruchstimmung, initiiert durch den Marshallplan, einen wirtschaftlichen Aufschwung, eine Tendenz zu Sicherheit und materiellem Komfort – verbunden mit einer eigenartig unpolitischen Haltung. „Politisch Lied – ein garstig Lied“. Trotz des „Zusammenbruches“ im Jahr 1945 lebten ins uns Jungen die alten Werte und Normen weiter fort – eine Mischung aus christlichen und nationalsozialistischen Geboten, Verboten, Ideologien. Wir fühlten uns zwar als Österreicher, wollten aber mit Politik nichts zu

tun haben und machten uns gleichzeitig über das kleine Österreich lustig. Unsere Welt war klein und überschaubar. Unsere Welt war eine Welt aus zweiter Hand, orientiert am klassischen Bildungsideal, vermittelt durch unsere Lehrer, durch das Radio („Sendergruppe Alpenland"), durch technikolor-bunte, zumeist unproblematische Revue- oder Liebesfilme, durch wenige Zeitungen und Zeitschriften, kaum jedoch durch eigene Anschauung oder Erfahrung. Noch war das Fernsehen nicht in unser Land gedrungen, noch konnte niemand größere Reisen machen, kaum jemand von uns Maturantinnen kannte die Bundeshauptstadt Wien.

In meiner Erinnerung ist die Zeit der fünfziger Jahre grell, kitschig, neonfarben, heuchlerisch, synthetisch, eine maßlos outrierende Laienaufführung, in der alle Probleme nach vorgegebenem Drehbuch gespielt wurden, die Erotik miteingeschlossen; Klischees statt wahrer Gefühle, Kolportage statt Literatur, schmalzige Schlager statt Musik, Kunststoffe statt Naturfasern, Idole statt Ideale, bunte Kulissen statt grauer Wirklichkeit. Manchmal, erschreckend, eine Ahnung von Realität, ein Film aus der Richtung des Neoverismo, ungeschminkte Gesichter wie das von Anna Magnani, unanständige Körperlichkeit in der Musik von Elvis Presley, unmoralische Erzählungen von Françoise Sagan (Bonjour, tristesse),

und dann wieder „Haben“ statt „Sein“, Anschaffen, Horten, Besitzen (das Verbrauchen kam erst viel später).
Viele Menschen sehen rückblickend ihre Jugend durch eine rosarote Brille. Bei aller Angst vor dem „wirklichen Leben“ hatten wir, so vermute ich, die rosarote Brille bereits in unserer Jugend aufgesetzt.

6. Kapitel

Dränge sie zur
Vollendung hin

Meine Eltern hatten für jedes Wunschkind (wir waren alle Wunschkinder) – sie hatten also für jedes Kind ein eigenes Fotoalbum angelegt, in das der Vati – während seiner Kriegsjahre die Mutti – die selbst geknipsten Schwarz-Weiß-Fotos, chamois-matt, 6 x 9, gezackter Rand, fein säuberlich einklebte, nicht ohne vorher mit Bleistift das Datum zu vermerken, um sie dann mit Fotoecken zusätzlich zu sichern. Unter jedes Bild auf dem dunklen Karton schrieb der Vati in seiner gestochenen Kurrentschrift mit weißem Stift noch einmal das Datum und einen liebevollen Kommentar. Jeder unserer Entwicklungsschritte wurde festgehalten, von der Geburt über die Stillzeit an Muttis Brust, vom Töpfchensitzen über die tatsächlich ersten Schritte, vom ersten Lächeln bis zum ersten Schultag. Von da an waren wir nicht mehr so wirklich interessant, meine Eltern waren richtige Baby-Eltern. Größere Kinder bildeten als Zählfaktoren lediglich die Staffage für die Kleinen.

Lange Zeit entwickelte der Vati in seiner geheimnisvollen Dunkelkammer die Bilder selbst und fertigte so viele Abzüge an, als Personen auf dem Bild waren, vornehmlich Kinder. Ihr eigenes Album gaben die Eltern bald auf, weil sie selbst nur mehr selten und vor allem einzeln auf der Fotografie zu sehen waren. Von Jahr zu Jahr waren es also mehr Abzüge, und alle unsere Fotoalben gleichen einander bis zum nächsten Kind.

Beim Umblättern raschelt das zerschlissene Spinnenpapier. Wenn wir Kinder größer werden, sollten wir die Bilder selbst ordnen, beschriften, datieren, einkleben. Die ordentlicheren Geschwister, zu denen ich mich nicht zähle, dürften das auch getan haben. Bei mir werden die Fotoalben (als Älteste habe ich die größte Sammlung) nach der Matura lückenhaft, um dann bald nach meiner Hochzeit mit ein paar Pin-up-Bildern, die mein Mann so gern von mir anfertigte, zu enden. Der Rest ist zwar nicht Schweigen – der Rest sind diverse Schuhschachteln. Auch Schuhschachteln haben ihren Reiz. Leider aber war ich nicht nur zum Einkleben der Bilder zu faul, sondern auch zum Beschriften. Soweit es festgehaltene Momentaufnahmen betrifft, verläuft mein Leben von nun an, von der „Emanzipation" an (was eigentlich bedeutet, aus der Hand des Vaters entlassen zu werden) recht unchronologisch. Beim Durchstöbern der Schuhschachteln beginnt für mich und allfällige Betrachter ein „heiteres Jahre-Raten"; nicht immer gelingt die genaue Rekonstruktion. Nicht einmal an der Brillenmode kann ich mich orientieren, weil ich, wenn eine Kamera auf mich gerichtet wird, reflexartig die Brille – ohne die ich blind bin wie der berühmte Maulwurf – von der Nase reiße, um geheimnisvoll-verschwommen ins Leere zu starren. „Brillenschlange!" „Mein letzter Wille – eine Frau mit Brille!". Bis zur Erfindung der Kontaktlinsen habe ich einen Brillenkomplex.

Ich habe auch einen Zahnkomplex. Zwar bin ich ein fröhlicher Mensch, auf den Bildern meiner Jugend kommt dieser Wesenszug aber eher verhalten zum Ausdruck, weil man beim offenen Lachen auch die schiefen Zähne sehen würde. Ich lache nur mit den Augen und der rechten oberen Zahnreihe. Der Dreier links oben, der Familien-Eckzahn, steht wie ein Pferdehauer vor.

Auf dem Weg in die Erinnerung stelle ich mit Erstaunen fest, dass wohl einige meiner Minderwertigkeitskomplexe unbegründet waren, nach heutiger Sicht. Meine Nase empfand ich als zu groß, meine Haare zu glatt, meine Taille als zu gerade, meine Beine zu dünn, meinen Busen als zu flach. Was würde ich heute für diese Schönheitsfehler geben! Und was hätte ich damals dafür gegeben, wenn ich gerade Zähne gehabt hätte und keine Brille hätte tragen müssen! „Wasser und Seife genügt", war Muttis Schönheitsrezept. „Eine

deutsche Frau schminkt sich nicht“ – diese Devise galt auch noch nach der Nazizeit, und sie wurde erhärtet durch die ungeschriebene Schulordnung.
Nagellack und Schminke sind strengstens verboten in der Ursulinenschule, die zwar keine Klosterschule ist, sondern ein staatliches Realgymnasium, welches sich aber – weil im Kloster einquartiert – noch katholischer gibt als die unfreiwilligen Gastgeberinnen, die Nonnen. Die Legislative, die gestrenge Sittenkommission, stellen einige unverheiratet gebliebene Professorinnen dar.
In der 7. Klasse sind etliche Repetentinnen zu uns gestoßen, die es bei der Nachprüfung in Mathematik „aufgestellt“ hat – ein Jahr älter, ein Jahr erfahrener oder gar reifer. Sie sind eleganter angezogen, flirten mit den wenigen männlichen Professoren und beherrschen unzählige Tricks, um die Verbote zu unterlaufen. Werden sie auf allzu rote Lippen angesprochen, so faseln sie etwas von einer getönten Nivea-Creme, die ihre Mütter benützen. Labello war noch nicht auf dem Markt. Kaum vor dem Schultor, holen sie schon die Cutex-Kussecht-Lippenstifte heraus und bemalen sich für das bevorstehende „Rande“, wie wir die Rendezvous zu nennen pflegen. Allerdings dürfen sie auch außerhalb der Schule von keiner frommen Professorin erwischt werden. Lange Hosen sind verboten, „Fischer-“ oder „Capri-Hosen“ ebenfalls, tiefe Ausschnitte oder gar die Schulter

freilassende gerüschte „Sambablusen" überhaupt. Den alles verhüllenden, stoffverschwendenden New-Look hingegen kann sich ein Backfisch nicht leisten.
Aber jetzt bin ich Maturantin! Jetzt gilt kein Verbot, kein Gebot mehr! Hoppla – jetzt komm' ich, sang Hans Albers. Mein Lippenstift und Nagellack sind vom dunkelsten Dunkelrot, keine Trauerränder sind mehr an Finger- und Zehennägeln zu sehen. Die glänzende Nase und Stirn, die gelben Wimmerln und schwarzen Mitesser pappe ich mit einer dicken Puderschicht zu. Ich zupfe die zusammengewachsenen Brauen zu einem schmalen Bogen, der mir – wenn ich die Brille abnehme, und ich nehme sie immer öfter ab – ein erstauntes Aussehen gibt. Es ist mir egal, dass die Mutti beiläufig bemerkt, „Der Vati würde sich sofort scheiden lassen, wenn ICH mir die Brauen zupfe." Ich erbettle mir die ersten „heißen" Dauerwellen, einen Luxus, den sich sogar die gänzlich uneitle Mutti auf Anraten der Großmutter geleistet hat. Die Tante meiner allerbesten Freundin näht mir das eine oder andere Kleidchen. Aus den Rot-Kreuz-Kleiderspenden, die wir als kinderreiche Familie immer noch bekommen, suche ich mir die knalligsten Fähnchen und Stehkragenblüschen und weiten Röcke und strengen Kostüme aus. Der Sommer nach der Matura wird MEIN Sommer, küss mich, ich bin bereit.

„Grenze Halskette" lautet der Schwur für uns Jungfrauen, den wir bis zur Matura einhalten wollten, katholisch, protestantisch oder konfessionslos. Manchmal rätseln wir in engstem Freundinnenkreis, ob wohl die oder die oder diese oder jene sich wirklich an unsere Abmachungen gehalten hatte oder ob „das" vielleicht gar schon passiert ist… Aber wann, wo – vor allem wo? Es herrscht allgemeine Wohnungsnot, niemand besitzt ein eigenes Zimmer, eine „sturmfreie Bude", kein Jüngling kann mit Papas Auto protzen, weil die Papas keine Autos haben. Die einzige Chance zu vorsichtigem Körperkontakt bieten Partys, Hauspartys bei besser gestellten Freunden oder Freundinnen, deren Eltern sich auf dieses Risiko einlassen.

Schon in der 8. Klasse hatte es da und dort eine „Party" gegeben, für die wir uns in die Tanzkurskleidchen werfen, in weiße Blusen und rauschend weite dunkle Plisseeröcke. Schwarze Schuhe sind ein Muss. So färbe ich meine braunen sämischledernen Rot-Kreuz-Pumps mit einem schwarzen dicken Schuhfarbenstift ein, was den hellen Hosen meiner wechselnden Tanzpartner nicht gut tut. Zu meinem Glück verlaufen diese Partys in ziemlicher Finsternis, jedenfalls, solange die Eltern wenigstens für einige Stunden das Haus oder die jeweilige Wohnung verlassen. Bisweilen gelangt ein süßer selbstgemachter Likör,

Eierlikör oder Cherry-Brandy, unter die Fruchtsaftbatterien. Die Burschen freilich trinken ungeniert Bier. Die letzte derartige Party hatte zu Silvester 1951 stattgefunden. Weil an diesem Tag der Bundespräsident verstorben war, durfte meine beste Freundin nicht dabeisein. Ihr Papa, Gewerkschaftsfunktionär, pochte auf Solidarität und Pietät. Unsere Trauer hielt sich in Grenzen – nicht aus Pietätlosigkeit, sondern aus politischer Unbedarftheit.

Der Sommer nach der Matura ist mein Sommer. Meine Zukunft beginnt, ich werde natürlich studieren, und vorher werde ich diesen Sommer genießen. Das Leben ist prickelnd geworden. Ich habe zwar noch immer keinen, der mit mir „geht", die Partys waren erfolglos geblieben, ich habe keinen Freund, aber viele Freundinnen und deren Freunde, die mit mir lange nächtliche Runden drehen um den Lindwurmplatz, um mir zu erzählen, wie sehr sie meine beste oder meine allerbeste Freundin lieben, die doch so wenig von ihnen wissen wollen. Vorläufig bin ich mit diesen emotionalen Brosamen zufrieden, das schützt mich vor vorschnellen Entscheidungen. In diesen prüden Jahren gilt es, seine Jungfernschaft zu bewahren und aufzuheben für den einen, für den einzigen, der kommen wird und der, das ist am wichtigsten, auch bleiben wird, bis dass der Tod euch scheidet. Heirat ist das höchste Ziel.

Bis dahin köcheln wir so vor uns hin.
Hardy Krüger und Hildegard Knef, die „Sünderin“, drehen am Wörthersee, in Velden, irgendwas in Moll – Romanze in Moll? Illusion in Moll? „Illusionen, Illusionen, sind das Schönste auf der Welt... Nur nicht denken, sich verschenken, denn wer weiß, wo ich schon morgen bin...“. Hildegard Knef singt mit rauer Stimme, trägt einen engen schwarzen Rollkragenpullover, den sie beim Röntgen ablegen muss, worauf wir voller Herzklopfen ihre Brust sehen, im Profil. Natürlich ist sie todkrank und die Liebe zu Hardy Krüger darf sich nicht erfüllen. Ulla Jacobson tanzt nur einen Sommer, von ihr sehen wir auch nur eine Brust, und auch diese Liebe darf sich nicht erfüllen. Die Liebe ist entweder jugendfrei-keusch (Peter Kraus und Conny Froboess) oder eben („Abzulehnen – Jugendverbot!!!“) morbid-unglücklich. Meine Präferenz gilt eher dieser Variante: Im dunklen Kino, das ich natürlich mit einer Freundin besuche und keinesfalls mit einem nicht vorhandenen Freund, erschauere ich, beginne zu schwitzen, mein Herz klopft – nein, nicht bis zum Hals, sondern an einer ganz anderen Stelle, tiefer im Süden... „... nur nicht denken, sich verschenken...“ Herzlich gern, doch was und wem und vor allem, wie? Meine Freundin teilt meine Verwirrung, stundenlang philosophieren wir über das Erlebte – Erlebte?

Irgendwas stimmt da nicht. An der „Liebe" muss doch mehr dran sein, wenn uns ein linker, nur wenige Sekunden sichtbarer Busen schon so aufregt. Jahrelang haben unsere Lehrer und Eltern uns gewarnt – vor dem großen Ungeheuer, vor dem Schwarzen Mann, vor dem bösen Drachen, der es auf zartes Jungfrauenfleisch abgesehen hat, oder wovor eigentlich?

„Einer wird kommen, der wird mich begehren…"
Zunächst begehrt mich jedoch nur der Otto Eisenburger. Otto Eisenburger, der Opernchef des Stadttheaters Klagenfurt.

Der Tatort des Begehrens ist Salzburg, die Festspielstadt, genauer gesagt: ein Klavierzimmer im Mozarteum. Ich bin nämlich Festspielgast, Besucherin der Salzburger Festspiele 1952.

„Festival di Salisburgo, mille novecento cinquantadue…" Alle Jahre wieder, zur Festspielzeit, höre ich im Radio das Glockenspiel am Residenzplatz, die Ankündigung der Übertragungen. Ich habe sie weit über vierzig Mal gehört, die Jahreszahl wechselte natürlich, im Ohr geblieben ist mir die Stimme der Sprecherin von damals, *„mille novecento cinquantadue…"* Die Stars, die Dirigenten, die Namen wechselten ebenfalls, ich bin nur dieses eine Mal zu Festspielkarten gekommen, war wohl später noch einige Male in der Stadt, auch zur Festspielzeit. Es war, als ob ich diese vier Tage, die ich als Maturageschenk von unserem

Familienwohltäter, dem alten Onkel Hans, bekommen hatte (nein, die Tage hat er mir nicht geschenkt, nur den finanziellen Untergrund für meinen Herzenswunsch „Salzburger Festspiele“, den Betrag von vierhundert österreichischen Schillingen, mit welchen ich auszukommen hatte, alles in allem, Hin- und Rückfahrt, Aufenthalt, Essen, und womöglich auch noch Karten für wenigstens eine Mozartoper, Figaro oder Zauberflöte....) – als ob ich diese herbeigesehnten Tage konservieren wollte, unverändert, zauberhaft, golden – als Premiere gewissermaßen, der keine Repertoirevorstellungen folgen sollten, als kostbares Unikat ohne Doublette. Ich wünschte mir keine Wiederholung, und es gab auch keine.

Wir sind wieder einmal zu zweit. Allein zu reisen ist (noch) undenkbar. Eine Freundin darf mit, die mit mir alle Sehenswürdigkeiten besucht, aber nicht unbedingt so mozartnärrisch ist wie ich und bei Verwandten wohnen kann. Auch ich habe Glück gehabt: Ein Arbeitskollege meines Vaters, der mit ihm in Kaprun geschuftet hat, hat eine ebenso mozartnärrische Frau. Ich darf auf der Couch im Wohnzimmer schlafen und werde zum Frühstück eingeladen.

Beide begleiten mich an diesem ersten Abend auch zur Felsenreitschule, wo es die „Zauberflöte“ gibt, Kunz, Seefried, Schöffler, Dermota, Lipp, die Welitsch als Erste Dame, Furtwängler hätte diri-

gieren sollen und wurde krank, ich habe natürlich keine Karte, die Ouvertüre ertönt bereits, da wird eine Karte an der Kasse zurückgegeben – sie kostet einhundertfünfundsiebzig Schilling, fast die Hälfte meines Budgets – ich greife zu, ohne Überlegung. Ich darf zwar in den Zuschauerraum, muss aber bis zur Pause hinten stehen, dann erst kann ich zu meinem erworbenen Sitz, dritte Reihe. Nun sehe ich sie alle noch genauer, höre sie alle, die ich bisher nur aus dem Radio kannte, ohne Schallplattenkratzer, ich bade im Glück. Später schreibe ich an Erich Kunz einen Brief (den er sogar erwidert) und rechne den Preis von einer Minute Glückseligkeit aus – so wenig für so viel!

Und am nächsten Tag treffe ich Otto Eisenburger. Zufällig auf dem Domplatz. Otto Eisenburger ist blondgelockt (nicht mehr sehr blond, nicht mehr sehr dicht) und klein und rundlich, seine Frau, ebenfalls blondgelockt und klein und rundlich, singt in Klagenfurt die weiblichen „Wurz'n", wie die Barbarina im Figaro. Von unserem Stammplatz (Galerie, Stehplatz, Seite rechts, S 3,50) haben wir ihm nach jeder Aufführung frenetisch Beifall gespendet, wie wir jedem unserer Angebeteten, männlich oder weiblich, frenetisch Beifall spendeten, und manchmal haben wir ihn auch beim Bühnentürl abgepasst und um ein Autogramm gebeten. Er kennt also mich und meine Begeisterung – und er lädt mich ein zu einer Orchesterprobe, zu der er Zugang hat. Beethoven, Pastorale, Dirigent George Szell. Und nach der Orchesterprobe lädt er mich noch einmal ein, leider nicht zum Essen. Abends gibt es „Othello" mit Ramon Vinay und Rosanna Carteri, man bekommt noch Stehplatzkarten zu S 25,–. „Othello" hat man in Klagenfurt noch nicht gespielt, und ich sollte doch wenigstens ein bisschen davon verstehen, er kennt da wen im Mozarteum, der kennt wieder jemanden, der uns für eine Stunde ein Klavierzimmer vermietet, wo er – Otto Eisenburger, Opernchef und Dirigent des Stadttheaters Klagenfurt – mir, der kleinen Stehplatzbesucherin, „Othello" mittels Klavierpartitur erklären wird. Sozusagen als Privatissimum!

Ich bin geschmeichelt. Man zeigt uns einen Raum mit Klavier. Er erklärt, er spielt, ich höre, verstehe, schmelze. Er spielt immer furioser, mir klopft das Herz an den gewohnten und ungewohnten Stellen. Mit einem Mann allein in einem Raum – das ist noch nie dagewesen. Furioso lässt er, die Partitur zwar nicht chronologisch, aber dramaturgisch gefinkelter durchackernd, gegen Ende der eingeräumten Stunde den Gewitter-Sturm-Chor des ersten Aktes erdröhnen, forte, fortissimo, Schlussakkord. In Ekstase schüttelt er seine erdünnenden Locken, in Ekstase hüpft er von seinem

Klavierstockerl und küsst mich mitten auf den Mund. In den Mund.
Das also ist mein erster Kuss. Irgendwie anders hatte ich ihn mir vorgestellt – schon musikuntermalt, wie im Kino, aber eher piano, nicht so überfallsartig – und vor allem nicht am hellen Nachmittag. Und nicht vom Otto Eisenburger.
Ich weiß, was ich zu tun habe. Genug Mädchenbücher habe ich ja gelesen. Empört (so steht die Anweisung in meinen Drehbüchern) und in meiner Mädchenehre gekränkt (naja, vor allem war die Angelegenheit reichlich klebrig) patsche ich ihm meine Hand irgendwohin, mitten ins Gesicht, an seine rundliche Wange, und stürme aus dem Klavierzimmer. Meine Orientierung war und ist nie besonders gut, aber irgendwie finde ich den Ausgang, wahrscheinlich auf Umwegen, denn Otto Eisenburger kann mich mühe-, wenn auch atemlos einholen, obwohl er sicher noch das Organisatorische erledigen musste: Klavierdeckel zuschlagen, Partitur zurückgeben, Miete berappen. Und so stöckele ich durch das festspielende beschwingte Salzburg, mit hocherhobenem Kinn und zusammengepressten Zähnen, während der große Künstler auf mich einredet, dass doch Mozart auch verheiratet war… und seine Constanze hätte ebenfalls verstanden… und alle Künstler brauchen das… und es sei doch nichts dabei… meine un-

berührte Jugend... es sei einfach über ihn gekommen...

Über meine geschändeten Lippen kommt gar nichts, kein Wort. Ich strafe ihn mit Verachtung.

Wir müssen ein herrliches Paar abgegeben haben.

Geknickt und verständnislos fährt er mit dem Zug zurück nach Klagenfurt.

Am Abend des ereignisreichen Tages genieße ich „Othello", hinter einer Säule stehend, die den Blick auf die Bühne ziemlich verstellt. Auf der Bühne ist es ohnehin meist dunkel, vor allem während des Gewitter-Sturm-Chores.

Ich genieße am letzten Abend, wiederum stehend zum Preis von S 25,–, „Le nozze di Figaro", in Originalsprache. In Rom, während der Maturareise, habe ich mir das italienische Textbuch besorgt und daraus mehr Vokabeln gelernt als in den zwei Jahren „Freigegenstand Italienisch". Kunz, Seefried, Schwarzkopf, London, Güden. Diesmal stehe ich links von der Säule, sehe ein Stück mehr Bühne. Mein Etat ist nahezu aufgebraucht, heute hat es nur mehr zu einem Kilo Weintrauben gereicht; der Blick auf die weißrosa-goldenen Kostüme, Mozarts Musik, der Engelsklang der Stimmen, das Dabeisein lässt mich meinen knurrenden Magen vergessen.

„Contessa, perdono – perdono, perdono..." – „O Engel, verzeih mir...", fleht Graf Almaviva. Ich beschließe, ebenfalls zu verzeihen. Und vor allem

beschließe ich, diesen Kuss als misslungene Generalprobe zu vergessen, ihn als nicht stattgefundene Premiere einfach zu streichen. So kann und will ich weiter auf den „Richtigen" warten.

Irmgard Seefried, Erich Kunz, George London, Sena Jurinac, Anton Dermota, Josef Greindl – das berühmte Mozartensemble. In einer Schuhschachtel liegen ihre Künstlerbilder mit den eingeholten Originalautogrammen. Die meisten sind gestorben und leben doch auf ihren Platten (Tonträger sagt man heute dazu) weiter, auf den kratzenden zerbrechlichen Schellacks, 78 Umdrehungen, die kaum mehr gespielt werden können, auf den leichteren 45er-Singles, auf den 33er-Langspielplatten, die es auch nicht mehr zu kaufen gibt, und nun werden sie auf die silbernen CD's überspielt, diese unverwechselbaren Stimmen, die ich immer noch von den vielen, vielen nachkommenden Stars und Primadonnen unterscheiden kann. Die Bedienung eines CD-Players ist so einfach geworden, der Griff in den CD-Stapel so leicht, Mozart und Verdi und Puccini und Beethoven sind jederzeit verfügbar, ich kann aus dem Vollen schöpfen und weiß das zu schätzen, wenn auch unaufgeregter. Noch wirkt der Zauber, noch flattern die Schmetterlinge, wahrscheinlich bin ich ein kleines bisschen abgeklärter geworden, müder, unaufmerksam oder abgelenkt. Sie klingen perfekt, diese schimmernden Silberscheiben, und die Namen der Interpreten und Interpretinnen haben ebenfalls einen guten Klang. Aber nicht die höchsten C's, nicht die drei Tenöre, nicht alle Solisten, Dirigenten und Wunderstimmen der schönen neuen Welt würde ich eintauschen wollen gegen die Erinnerung an jenen Sommer, jene drei Opernabende, jene verrückten, musikerfüllten Festspieltage in Mozarts Geburtsstadt.

Ich kehre zurück in den Alltag der kinderreichen Familie, der „Villa Mathilde". Jetzt bin ich zwar Maturantin und stolz auf meinen neuen Status. Wie Ikarus bin ich zur Sonne geflogen, bin zwar nicht abgestürzt, aber musste doch erkennen, dass meine Federn für Höhenflüge noch nicht recht geeignet sind. Die Mutti stutzt die angesengten Federn zusätzlich. Nichts hat sich geändert an meinen häuslichen Pflichten, die nur während der Vorbereitung auf die Matura ausgesetzt waren. Wiederum und immer noch droht der unergründliche Korb mit ungestopften Kindersocken und -strümpfen, der tägliche Abwasch, der wöchentliche Küchen-Großputz. „Dir fällt kein Stein aus der Krone, wenn du den Boden reibst." „Wenn du ganz lieb bist, räumst du den Kinderkasten auf." Die Mutti hat eine perfide Art, mich merken zu lassen, dass „Matura" kein Heiligenschein ist, vor allem nicht für sie. Macht nichts – im Herbst bin ich weg, im Herbst gehe ich nach Graz, ich werde Latein studieren.

Im Herbst gehe ich nicht nach Graz, ich werde (vorläufig) nicht Latein studieren, ich schreibe mich ganz vernünftig in den Abiturientenkurs der Handelsakademie ein, Steno und Maschinschreiben kann man immer brauchen, auch beim Studium, vermutlich muss ich nebenbei Geld verdienen, der Vati hat noch immer keine Stelle an einer Schule. Der Abi-Kurs dauert nur ein Jahr, ich bin ja erst siebzehn. Das Studium ist teuer, ich müsste in Raach wohnen, in dem alten kleinen Häuschen, aus dem die Omama herausgestorben ist. Nur der behinderte Onkel Fritz wohnt noch dort, der Weg und die Fahrt zur Uni ist weit. Aufgeschoben ist nicht aufgehoben.

Irgendwann stellt irgendwer eine Weiche. Der Zug des Lebens kann aus dieser Weiche springen, er kann aber auch weich (woher sonst sollte das Wort „Weiche“ kommen?) und sanft auf ein völlig anderes, unbekanntes Gleis geleitet werden. Ich wollte damals der Entscheidung ausweichen, dem Selbständigwerden, dem als so selbstverständlich angesehenen Studium – wer maturiert, studiert, das galt selbst in jenen mageren Jahren, als uns die Professoren von jeglicher akademischer Laufbahn abrieten. Ich hatte, ohne es einzugestehen, Angst, schlicht und einfach Angst, das schmuddelige, warme Nest der Familie, der Wohnung, der Heimat zu verlassen, und schob Einsicht, Verzicht und Vernunft vor. Dass dieser nüchterne, staubtrockene Abi-Kurs mein Leben bestimmen sollte, dass er der Grundstein für mein Erwerbsleben – und schließlich auch für die Fülle und Erfüllung meines Lebens werden sollte, konnte ich damals nicht voraussehen. Aber wer kann das schon…

Und so betrete ich, gemeinsam mit einigen anderen Maturakolleginnen, die Handelsakademie in der Kumpfgasse, ein graues, hässliches Gebäude mit ausgetretenen breiten Stufen, die zu einer grauen, hässlichen Klasse führen, in der wir ein ganzes Jahr lang in kaufmännischen, also nützlichen Fächern unterrichtet werden sollen. Wir tragen unsere humanistisch gebildeten Näslein hoch – wir, die wir gewohnt waren, in höheren mathematischen Sphären zu schweben, sollen nun mit Kaffeesäcken, Hemden und Erdäpfeln rechnen! Wir, die Shakespeare im Originaltext gelesen haben, müssen Handelsenglisch lernen, Idioms und Alltagswendungen! Statt „To be or not to be" – „A vessel left for India". „I remain with the best regards yours sincerely". Wir, die wir mit den alten Ägyptern, Griechen, Römern auf du und du standen, sollen Staatsbürgerkunde und Volkswirtschaftslehre büffeln! „Soll und Haben" ist uns als literarischer Begriff, als Titel eines Romans bekannt – wo, bitte, ist der Unterschied zwischen rechter und linker Buchungsspalte? Arrogant lassen wir die Schüler der Anstalt und auch alle Pro-

fessoren und Professorinnen spüren, dass wir nicht schulpflichtig sind, sondern die Matura bereits im Sack haben. Das einzige, das uns mit der Notwendigkeit des Schulbesuchs versöhnt, ist das Faktum, dass unser Kurs „gemischt" ist, also auch von männlichen Teilnehmern besucht wird. Eine neue Erfahrung – für beide Seiten. Zunächst ist nichts Besonderes darunter, jeder, der einigermaßen interessant wirkt, wird sofort von der rothaarigen Heli getestet und in Besitz genommen.
Einige Wochen nach Kursbeginn kommt ein „Neuer" in die Klasse – wummm! Ein Mann! Kein Milchbubi in unserem Alter, sondern ein ausgewachsenes Exemplar, mindestens 20 Jahre alt, dunkelhaarig, groß, blitzend-weiße Zähne, wie aus dem Kino. Er lächelt unbestimmt in die Runde, er lächelt auch mich an, bekommt einen Platz in der ersten Bankreihe zugewiesen, schräg vor mir.
Der Blitz hat mich getroffen. In der Pause flehe ich die Heli, das Vollweib, an, mir wenigstens in diesem Fall den Vortritt zu lassen – wenn es nicht klappt, kann sie zuschlagen, ich bitte sie nur um ein paar Tage Stillehalten. Sie ist großzügig, weil versorgt, und verspricht Zurückhaltung – sie hat ja Zeit.
Meine randlose Brille befindet sich zur Reparatur beim Optiker. Ich werde sie nicht so schnell abholen, und außerdem muss ich mich in die erste

Reihe setzen, sonst sehe ich nicht auf die Tafel. Welcher Zufall – auch neben dem Neuen ist ein Platz frei, das haben erste Reihen so an sich.
Er heißt Max und kommt aus dem Steirischen. „Max, bring gute Botschaft mit…“, Freischütz. Max geht ja noch. Aber er heißt auch noch „Kalb“, und das verlangt Toleranz von uns spöttischen Gänsen. Wie Gilda in Rigoletto (Gualtier Maldé … Teurer Name, dessen Klang tief in meine Seele drang…) lasse ich „Max Kalb, Max Kalb“ auf meiner Zunge zergehen. Ich werde mich schon daran gewöhnen… Meine kurzsichtigen und deshalb besonders feuchtgroßen Augen erreichen das gesteckte Ziel. Was mir noch nie gelungen ist, nicht im Tanzkurs, nicht im vergangenen Sommer – er nimmt mich wahr! Max, der Neue, der schöner ist als alle Eroberungen der rotmähnigen Heli – jetzt heißt es zugreifen und klug agieren.
Meine allerbeste Freundin studiert in Graz, ohne mich. Sie stellt keine Gefahr dar. Die anderen sind bereits in Paaren zusammengespannt. Diesmal ist es für mich günstig, dass ich stets das Überbleibsel, das nicht aufgeforderte Gänseblümchen bin – so kann ich den Prinzen für mich gewinnen.
ER ist in allen Fächern hinten – ich borge ihm meine Mitschriften. IHM fehlt der Stoff in Steno – ich übe mit ihm. ER kennt sich in der Stadt nicht

aus – ich zeige ihm Gassen und Plätze, Cafés und Mittagstische. Ich mache mich unentbehrlich. Ganz nebenbei erwähne ich, dass man am Sonntagnachmittag günstig tanzen gehen kann, in die Tanzschule Tachler zur Perfektion, kein Konsumzwang – ich zeige IHM die Tanzschule Tachler, und ER tanzt nur mit mir. Als blindes Huhn lasse ich mich noch leichter führen, sehe ihm verschwommen-anbetend ins Gesicht, ich bin so klein, er ist so groß, es knistert zwischen uns, ich stolpere bei einer ungewohnten Schrittkombination, er stützt mich… Es funktioniert. Es klappt, es wird klappen.

Ob es gleich an diesem ersten Perfektionsnachmittag, der in einen herbstlich-frühen Abend gleitet, passiert ist, weiß ich nicht mehr. Tatsächlich – ich weiß nicht mehr, an welchem Abend ich meinen „ersten“, meinen richtigen, meinen perfekten Kuss bekommen habe. Ich weiß nur, wo es war – ich weiß nur, wie es war.

„Einer wird kommen, dem will ich gehören. Einer wird kommen, der wird mich begehren…“ Jetzt endlich begehrt mich der, dem ich gehören will (nicht umgehend, nicht sofort, denn ein braves Mädchen, ein anständiges Mädchen wirft sich nicht gleich an den Hals, sondern ziert sich gebührend). Wir spazieren den Straßenbahngleisen entlang, weg vom hellerleuchteten Heiligengeistplatz zur nächsten Station am Lendkanal, wir

lassen eine Straßenbahn nach der anderen an uns vorüberbimmeln, ein Weg führt hinunter zum Kanal, unbeleuchtet. Es wird kühl an diesem Herbstabend, drehbuchgemäß erschauere ich in meinem dünnen Sommer-Tanzkurskleidchen (sommerliche Blümchen erschienen mir für diesen Nachmittag verführerischer als der karierte Glockenrock), er legt den Arm um mich, wie es tausende und abertausende junge Männer mit ihren Liebsten getan haben und tun, wie es noch nie jemand mit mir getan hat. Ich schmiege mich an ihn („schmiegen" steht ebenfalls in meinem Drehbuch), er dreht mich zu sich, ich stelle mich willig auf die Zehenspitzen, damit der Film weitergehen kann, und – ja, genau, und er küsst mich auf den Mund und noch einmal, suchender (kein Unterschied zum Otto-Eisenburger-Kuss, auch glitschig, auch klebrig, und doch – welch ein Unterschied!), das ist es nun wirklich!!! Er sagt „Du kleines Biest", was mir ein wenig unpassend erscheint, es sind nicht unbedingt die Worte, die bei solcher Gelegenheit in meinen Mädchenbüchern und Liebesromanen gesagt werden. Er kann meine Inszenierung doch nicht durchschaut haben? Wie auch immer: Die Sterne fallen vom Himmel, der Lendkanal riecht so herrlich nach Kanal, SEIN Mantel sowie sein glattrasiertes, abends bläulich schimmerndes Kinn riechen nach Pitralon, und ich habe es endlich, endlich

geschafft. Ich bin geküsst worden, ich habe die Prüfung bestanden. Jetzt bin auch ich aufgenommen worden in die Welt der Paare.
Morgen, im Abi-Kurs, muss ich es der rothaarigen Heli erzählen. Ich bin keine Übriggebliebene mehr, keine Streberin, kein Blaustrumpf, muss nicht mehr meine Minderwertigkeitskomplexe hegen und pflegen, habe Gnade gefunden in den Augen eines ansehnlichen jungen Mannes, gehöre dazu, werde aus den Fachgesprächen nicht mehr ausgeschlossen bleiben. Hoffentlich.
In den nächsten Wochen und Monaten schwebe ich auf Wolken. Wir sind ein Paar, wir gehen miteinander, ich stelle ihn der Mutti vor und den Geschwistern, die sich über den Namen „Max Kalb" zerkugeln und mich bis an die Grenze meiner Geduld damit aufziehen. Wenn ihr Kinder bekommt, sind das dann lauter kleine Kälber? Abends spazieren wir Hand in Hand durch das Dorf, dorthin, wo es dunkler wird – an das Ufer des Sees, in das kleine Wäldchen, in dem es noch die Höhle des früheren Luftschutzkellers gibt, denn dort sind wir ungestört beim Händchenhalten und beim Küssen. Wenn wir dicht aneinandergedrängt im Gleichschritt lustwandeln (es ist wirklich eine Lust, eine unschuldige, reizvolle Lust), macht mein Max sonderbar quietschende Geräusche, die mich beunruhigen, weil ich sie nicht klar einordnen kann. Die Schuhe knarren

nicht, sie haben Kreppsohlen und sind recht standfest bei unserem Geknutsche. Die Quietschgeräusche kommen von weiter oben, von der dunkelbraunen Schnürlsamthose, und entstehen bei jedem Schritt. Ich wage nicht danach zu fragen, womöglich sind sie ein Zeichen brennender Begierde – wer kennt sich schon bei Männern aus? Ich bin froh, dass er seine Hände zwar nicht bei der bislang geltenden „Grenze Halskette" belässt, aber die „Grenze Rockbund" doch einigermaßen einhält.

Das Rätsel löst sich Jahre nach meinen ersten Erfahrungen. Längst bin ich Mutter geworden, (aber das ist ein anderes Kapitel…) fühle mich recht aufgeklärt, habe meinen Schülern „Bravo" mit „Fragen Sie Dr. Sommer" abgenommen und selbst Oswalt Kolle gelesen bzw. im Film gesehen – von quietschenden Männerschritten war nie die Rede. Bei einer Almwanderung in gemütlicher Runde höre ich auf einmal das bekannte Geräusch aus entfernten Petting-Jugendtagen. Das ist es – einer der Bergkameraden trägt eine Schnürlsamthose, diesmal grau, und bei jedem Schritt reibt Schnürlsamt an Schnürlsamt, was das brünstige Quietschen verursacht und damals, in dunkler Nacht an den Gestaden des Wörthersees, der Grund meiner Ängste war!

Was wussten wir in diesen prüden, körperfeindlichen Zeiten auch schon vom anderen Geschlecht

– wir kannten ja kaum unser eigenes! „Geschlecht“ – die Mutti konnte dieses Wort so aussprechen, dass ich an der Aussprache bereits merkte, wie es sie schüttelte vor lauter „Pfui“. „Geschlecht“ konnte ja wirklich nur von „schlecht“ kommen: alle Männer sind schlecht – sie ist ein schlechtes Mädchen – begib dich ja nicht in schlechte Gesellschaft – es wird schlecht mit dir enden – die kommt aus einer schlechten Familie. Mir wird noch heute schlecht. Ob „Geschlechtsverkehr“ oder „Geschlechtskrankheit“, die Begriffe waren austauschbar und auf jeden Fall höchst negativ besetzt. Sich mit dem anderen „Geschlecht“ abgeben bedeutete Angst, Furcht, Abwehr, Ahnungslosigkeit, Getuschel, Gerüchte, Vermutungen, Verbote, Drohungen, Strafen, Männerwitze und „dreckige“ Andeutungen. Dazu waren wir Mädchen zusätzlich belastet durch das gefürchtete (später dann herbeigezitterte) monatliche Ereignis, das wiederum mit Schmerzen, Krämpfen, Schmutz und üblem Geruch verbunden war… Wir hatten nicht einmal eine genaue Bezeichnung dafür: Ich habe meine Tage – ich habe „es“ – ich habe „Besuch bekommen“ – ich habe „du weißt schon…“ oder „das Übliche“…
Und das alles sollte mit Liebe zu tun haben, mit der Vollendung, zu der wir einstmals kommen sollten? „Geh in ein Kloster, Ophelia…“
Max Kalb, meine erste Liebe, die so rein und un-

schuldig blieb, weil wir es nicht „dazu" kommen ließen... In aller Unschuld haben wir uns vor Weihnachten verlobt, im Café Perstinger, bei einem Espresso. In den Weihnachtsferien fährt er in seine Heimat, wir versprechen, einander treu zu bleiben – was mir nicht schwer fällt, denn weit und breit ist kein Konkurrent zu sehen –, und einander zu schreiben.

Das allerdings ist dann der Anfang vom Ende. Max, der so schön ist, dass mir bei seinem Anblick jedes Mal die Luft wegbleibt, schreibt Briefe, die mir ebenfalls den Atem rauben – diesmal jedoch auf Grund seiner eigenwilligen Rechtschreibung. War ich bisher blind und taub vor Liebe gewesen, wenn er bei den Prüfungen im Abi-Kurs eine eher hilflose Figur machte, so kann ich nun, als ich den ersten Liebesbrief schwarz auf weiß vor mir habe, nicht mehr die Augen verschließen. Max, mein schöner Prinz (ach, auch in „Turandot" hatte er einen Prinzen gespielt, mit nacktem Oberkörper – das einzige, was ich je an ihm nackt gesehen hatte! – eine stumme Statistenrolle, denn die kalte Prinzessin Turandot ließ ihn umgehend köpfen...), Max hat heftige Probleme mit der Orthografie, dem Stil und der Interpunktion.

Ich werde schwankend in meiner unerschütterlichen Liebe, die vereinbarungsgemäß doch bis zum Tod währen sollte. Vielleicht waren die Fehler aus dem Trennungsschmerz heraus entstan-

den, aus der Hast, mir den Brief noch vor dem Weihnachtsfest zukommen zu lassen?
Die Weihnachtsferien verschaffen mir eine Nachdenkpause. Ich beschließe, dieses Fest im Kreise der Familie nicht nur zu genießen, sondern in meinem neuen Stand als „Verlobte" so richtig zu zelebrieren, Rechtschreibfehler hin, Beistrichfehler her. Verlobt unter dem Tannenbaum – auch ein Versatzstück aus meinen Romanen – in Gedanken beim fernen Geliebten, der im Felde, in russischer Winternacht, auf den Großen Bären blickt, während ein ebenso einsamer Soldat „Stille Nacht" auf der Mundharmonika bläst... oder so ähnlich.
Wenn ich nicht an den unliterarischen Brief denke, habe ich richtiggehend Sehnsucht nach meinem Liebsten. Ich bade in Gefühlen, ich freue mich auf das Fest, und ich freue mich wie ein Kind auf erhoffte Geschenke.
Seit Jahren habe ich einen guten Ruf als Nachhilfelehrerin in unterschiedlichsten Gegenständen: Englisch, Latein, Deutsch, sogar Französisch habe ich mit Schülern und Schülerinnen der Unterstufe gepaukt, und sie sind immer alle durchgekommen. Zur Zeit gebe ich etwa 5 Stunden pro Woche, der Stundensatz beträgt S 8,–, was bedeutet, dass ich mit meinem Wocheneinkommen eine Schellackplatte mit je einer Arie auf der Vorder- und Rückseite kaufen kann. Und das tue ich Woche

für Woche. Zehn solcher schwarzen Scheiben mit rotgoldenem Aufdruck liegen in meinem Kleiderkastenabteil: ausschließlich Mozart, Seefried – Gartenarie, Arie der Pamina; die Zerline-Arien aus Don Giovanni; Kunz – Registerarie, Figaro; die Duette aus Cosi fan tutte; die Sarastro-Arien... Der Stapel wächst, ich nehme meine Schätze vorsichtig aus der braunen Papierhülle, fasse sie behutsam an den Rändern, nur mit den Handinnenflächen, rieche daran, stelle mir die Musik vor, die ich irgendwann hören werde – denn noch besitze ich keinen Plattenspieler. Aber ich wünsche ihn mir zu Weihnachten, sonst habe ich keinen Wunsch. Ich weiß, dass der billigste elektrische Plattenspieler von Philips etwa S 750,- kostet, ohne Deckel. Ich habe mich im Geschäft erkundigt und das Modell bereits berührt. Ich brauche ja keine Abdeckung dazu, das Laufwerk genügt mir. Man muss nicht einmal mehr die Nadeln wechseln wie bei dem von Hand aufgezogenen Plattenspieler, den der Bubi Stossier mir für meine Geburtstagsparty in der 6. Klasse geborgt hat. Der Tonarm ist ganz leicht, und die Nadel reicht für viele hundert Abspielungen.

Es wird wohl nichts werden mit dem Plattenspieler, meinen meine Eltern. Das heißt, eigentlich meint es die Mutti, und der Vati stimmt zu. Zu Weihnachten herrscht Arbeitsteilung: Die Mutti sucht die Geschenke aus, plant, überlegt, besorgt

sie – und der Vati muss sie bezahlen. Bei der Bescherung tut er aber immer so, als ob er sie auch ausgesucht hätte, und alle sind zufrieden. Diesmal hat die Mutti beschlossen, ich sollte eher eine Reiseschreibmaschine bekommen, weil ich im Abi-Kurs doch Maschinschreiben habe und keine Maschine zum Üben. Der Onkel Karl hat mir wohl eine Maschine geborgt, aber die hat nur drei Tastenreihen statt der genormten vier Reihen, da ist das Üben nicht sehr sinnvoll. Ich bin ja gut im Maschinschreiben, nur komme ich auf kein gescheites Tempo, weil ich immer nur auf einem Papier-Tastenfeld übe, a s d f j k l ö . Ich übe im Obus auch auf meinen Oberschenkeln, und ich stenografiere in der Luft, wie es die Pauline Dobernig empfiehlt, unsere Steno-Lehrerin. Jedes Wort, das ich lese oder denke, übersetze ich in die Kurzschrift oder tippe es auf meinen Oberschenkel oder das Papier-Tastenfeld.
Es wäre vernünftig, sich über eine Schreibmaschine unter dem Weihnachtsbaum zu freuen. Ich habe meinem Max versprochen, die Antwort auf seinen Brief mit Maschine zu schreiben, auch wenn wir das „b" für „Liebe" noch nicht gelernt haben. Die Pauline hat uns streng vorgeschrieben, immer blind zu schreiben und den Fingersatz genau einzuhalten, was ich selbst auf dem papierenen Tastenfeld tue. Natürlich wäre eine eigene Schreibmaschine was Tolles – mein Herzens-

wunsch ist und bleibt der Plattenspieler. Sonst müsste ich beinahe hundert Nachhilfestunden zusammensparen, um ihn mir selbst zu kaufen.
Das Weihnachtsfest läuft nach altem Familienritual ab: Das Kuckuckszimmer ist versperrt, der Vati unsichtbar, die kleinen Geschwister sind geschneuzt und gekämmt und aufgeregt, die größeren bei aller Überheblichkeit nicht weniger zappelig, ich denke an meinen Max und an die Schallplatten, das Glöcklein klingelt, wir singen „Hohe Nacht der klaren Sterne" und „Es ist für uns eine Zeit angekommen", der Nürnberger Rauschgoldengel an der Spitze des Weihnachtsbaums strahlt ein bisschen zerknittert im sanften Kerzenglanz, der Baum ist vollbehängt mit eingewickelten Zuckerln und Pralinen und Stanniol-Schokoladefiguren und Windringerln und Goldnüssen und getunkten Fondantringerln und Lebkuchenherzen, denn es geht uns ja doch schon besser. Jedes Kind schielt nach seinem Geschenkeplatz. Schon während des Singens taxiere ich alle Geschenkhaufen ab – der und der Haufen kann nicht für mich sein, jetzt erkenne ich meine Stelle an dem obligaten Bücherstapel – dort sehe ich keine Schreibmaschine, doch auch keinen Plattenspieler, hingegen eine Uhr – hübsch, elegant, aber enttäuschend…
Diesmal hat die Mutti wohl danebengegriffen im Erraten meines Wunsches.

Und plötzlich, in die zu Ende gehende letzte Strophe hinein, ertönen aus einem dunklen Winkel des Weihnachtszimmers, versteckt hinter dem Lichterbaum, die im Radio so oft gehörten Takte: „Madamina, il catalogo é questo delle belle ché amo il padron mio…" – „Schöne Donna, dieses kleine Register, es enthält seine Liebesaffären…" Meine Platte! Meine Registerarie! Mein Leporello! Mein Erich Kunz! Und mein Vati als Regisseur, mit stolzgeschwellter Brust, weil ihm die Überraschung gelungen ist.
Sie ist so perfekt gelungen, die Überraschung, und sie ist noch nicht vorbei. Gleich nach dem ersten Begeisterungssturm, den die acht Geschwister über die jeweiligen Geschenke lautstark ertönen lassen, dirigiert die Mutti alle, die gesamte Familie, in das bei weitem nicht so festliche Kinderzimmer, um mir die Möglichkeit zu geben, allein – und das ist wahrlich ein Luxus in unserer Familie! – allein alle meine zehn Platten abzuspielen, sie ungestört zu genießen, in meiner geliebten Opernmusik zu schwelgen. Während die anderen beim weihnachtlichen Festmahl sitzen, ernähre ich mich von Mozartklängen.
Ich muss es nicht betonen: Es war das schönste Weihnachtsfest meines Lebens. Diese zehn Schellackplatten haben mich begleitet, wo immer ich gelandet bin, sie haben jeden Wohnungswechsel mitgemacht, und ich besitze sie noch heute,

wenn ich sie auch nicht mehr spielen kann, weil es keine Plattenspieler mehr gibt, die für 78 Touren eingerichtet sind. Wenn ich, was selten vorkommt, wieder einmal aufräume, Ordnung mache, aussortiere, halte ich sie in meinen Händen, so vorsichtig wie damals, vor mehr als 40 Jahren, lasse die Rillen spiegeln, erschrecke über die vielen Kratzer, die sie erdulden mussten, und höre die unverwechselbaren Stimmen von Wilma Lipp, Irmgard Seefried, Erich Kunz…

Im Maschinschreiben habe ich es trotzdem zur Perfektion gebracht.

Doch dann trifft der nächste Liebesbrief ein, und im Neuen Jahr, nach dem Ende der Weihnachtsferien, kommt auch der Max aus den Ferien zurück. Irgendetwas war in der Zwischenzeit mit mir geschehen. Seine Makellosigkeit hatte einen Kratzer bekommen. Meine Liebe war erkaltet – fast genauso schnell, wie sie damals, an jenem ersten Tag, entflammt war. Verlobt oder nicht – schließlich hatte ich gar keinen Ring bekommen, und ein Ring gehört einfach zur Verlobung –, ich beginne ihm aus dem Weg zu gehen, schwänze die letzte Vormittagsstunde, um nicht von ihm begleitet zu werden, verhalte und fühle mich richtig mies.

Auch das hatten wir nicht gelernt – wie man Schluss macht, wenn eine Liebe vorbei ist. Die Mutti straft mich mit Verachtung, sie hatte sich richtig auf den feschen Schwiegersohn gefreut. „Sei froh, dass dich so ein gutaussehender junger Mann haben will...“ Ihre Germanen waren immer treu gewesen, und auch sie war dem Vati treu gewesen, während er im Krieg war und in der Kriegsgefangenschaft. An den Onkel Erich, den deutschen Kriegsgefangenen, der ihr nächtelang geholfen hatte, Teddybären auf der alten Singer-Nähmaschine zu nähen und zusammenzustückeln – an diesen „Onkel“ erinnere ich sie nicht.

Auf den Ball „meines“ Mädchenrealgymnasiums gehen wir noch gemeinsam, eigentlich zu dritt, weil die Mutti als Anstands“wauwau“ mitgeht, nicht ohne ihre berühmte Keksdose, mit der sie früher immer Tänzer an unseren Tisch gelockt hatte. Ich trage den Rock meines schwarztaftigen Maturakleides und dazu eine weiße Bluse mit mächtigen Keulenärmeln, und bald nach dem Ehrentanz, den ich notgedrungen mit Max absolvieren muss, verdrücke ich mich aus dem Ballsaal des Künstlerhauses in den berühmt-berüchtigten Keller, wo es dunkler ist und enger und ein unanständiges Gedränge herrscht und wo sich vor allem die zahlreich eingeladenen Schauspieler und Sänger des Stadttheaters Klagenfurt aufhalten, umschwärmt von Mädchen aller Klassen und Altersgruppen.

Schau, schau – auch der Otto Eisenburger ist da,

diesmal mit Frau… und der neue Bassist, der an Stelle des angehimmelten Hans Welz engagiert wurde. Er hat den Sarastro gesungen, da war er groß und schlank und priesterlich edel gewesen, die weiße Perücke hat die private Halbglatze verdeckt. Aber sooo schlecht sieht er eigentlich auch privat nicht aus, wenn auch viel älter… Im Keller herrscht Damenwahl, ich wähle den großen Bassisten, um ihm zu erzählen, dass ich ihn in der „Zauberflöte" gesehen habe und später auch in „Don Pasquale", Sänger können viel Lob vertragen. Da taucht, wie eine Rachegöttin, die Mutti auf. Sie hat mich überall gesucht, getraut sich in den Keller, um mich an meine Pflichten zu erinnern, denn immerhin kam ich mit meinem „Verlobten" auf den Ball! Ganz schön peinlich, wie ein kleines Mädchen behandelt zu werden. Der Abend ist endgültig verdorben. Murrend und maulend kehre ich zum Familientisch zurück.

Muttis Versuche, unsere Beziehung zu kitten, helfen nichts – dabei stellt sie uns doch glatt einen Nachmittag das Kuckuckszimmer für eine Aussprache zur Verfügung, ohne auch nur einmal hineinzuschauen, sie räumt sämtliche Geschwister aus dem Weg, damit wir ungestört sind. Was hätte ich Wochen vorher für diese Gelegenheit gegeben! Hätte ich wirklich? Es nützt nichts, es ist vorbei. Was bisher immer

nur mir geschehen ist – abgewiesen, stehengelassen zu werden –, diesmal bin ich die Aktive, mache ich Schluss. Auch das muss ich üben und lernen.
Es ist ja noch nichts passiert; damit kann ich meine Mutti beruhigen. Wir haben es nicht „zum Letzten" kommen lassen. Meine Jungfernschaft ist intakt, und das ist in diesen Zeiten wohl das Wichtigste.
Auf zu neuen Taten!

7. Kapitel

Und jage die letzte Süße
in den schweren Wein

In unserer Familie war in jenen Jahren, an die ich mich zurückzuerinnern versuche, nicht nur der liebe Gott kein Thema, sondern auch der Alkohol. Weder in der Speis noch im Keller der „Villa Mathilde" fanden sich Flaschen, in denen es auch nur den Anschein eines alkoholischen Getränkes gab. Es sei denn, das in Flaschen abgefüllte Schwarzbeerkompott, das zwar mit der Ernte-Jahreszahl versehen war, aber wegen der reichhaltigen Vorratshaltung nicht jedes Jahr aufgebraucht werden konnte, begann wegen Überalterung zu gären und grauslich nach Medizin zu schmecken. Ich glaube, in der Kredenz im Kuckuckszimmer, deren Aufsatz mit den bunten Butzenscheiben stets und vergeblich versperrt war, befand sich inmitten des chaotischen Krimskrams von Fieberthermometern (ganz oder angeknackst), alten Filmspulen, Bildern, Devotionalien von Muttis Hollandaufenthalt nach dem Ersten Weltkrieg, gebündelten Feldpostbriefen, Keksresten und der einzigen offenen Kristall-Zuckerschale, aus der ich heimlich naschte, auch eine Phiole mit Rum-Aromat für die Weihnachtsbäckerei. Und das war es dann schon.

Als ich einmal ziemlich krank war, hat mir die liebe Raacher Omama zum Aufpäppeln ein über Wasserdampf geschlagenes lila-gelbes schaumiges Weinchaudeau eingelöffelt, das süß-säuerlich nach dem bekannten „Zuckerei“ schmeckte und meine fieberheißen Wangen noch ein wenig mehr zum Glühen brachte. Woher sie den Rotwein hatte, kann ich mir nicht vorstellen.

Unter den zahlreichen Familienanekdoten gab es nur eine einzige, die mit Alkohol zu tun hatte und vermutlich als Abschreckung für uns Kinder dienen sollte. Es war dies die Geschichte von einem Ausflug der noch jungen Eltern ins steirische Weinland, in die Schilchergegend um Stainz, wo die Mutti nach ein oder zwei Vierterln süßem Schilcher-Sturm einen ganz fürchterlichen Schwips mit anschließendem Kater und sämtlichen detailgetreu geschilderten Folgeerscheinungen bekommen haben soll, der ihr den Alkoholgenuss bis heute verleidet hat. Der Vati hat sich wohl aus Solidarität ihrem Abscheu angeschlossen, bis er sich viel, viel später, als wohlbestallter Mittelschulprofessor mit einer Unzahl gut bezahlter Überstunden, endlich zum disziplinierten Weintrinker mauserte, dem selbst heute, mit neunzig Jahren, ein Schlückchen staubtrockener Diabetikerwein zu schmecken scheint.

Der Großvati allerdings war einem Schluck Bier nicht abgeneigt. Bevor wir in unserem Dorf allzuviel vom Krieg merkten, entfloh er ganz gern der sonntäglichen Essensvorbereitungs-Hektik (ganz besonders, wenn seine Frau, die herrische Großmutter, Kochlöffel und Szepter schwang) und nahm mich zu einem Frühschoppen in dunkel getäftelte Gaststuben mit. Das Bier wurde, so meine ich mich zu erinnern, nur aus schweren Krügen getrunken, nie aus Gläsern. Es waren geschliffene Glaskrüge oder mit fröhlichen Zechern, Bierfässern, Trauben, Reben, Ranken, Hopfendolden samt einschlägigen Trinksprüchen bebilderte Steinkrüge, alle mit verziertem Zinndeckel, der mir beim Kosten – brrrr, grauslich – auf die Nase fiel. „Pfui, grauslich gut", schüttelte sich auch der Großvati nach dem ersten Schluck, „das schmeckt nach Meer", womit er „mehr" meinte. Manchmal wurde ihm das Bier auch in seinem eigenen Bierkrug aus dem Gasthaus geholt, was er aber nicht so ganz goutierte, weil der schöne weiße Schaum auf dem Weg zusammenfiel.

Der Großvati war ein mäßiger Trinker, aber ein starker Raucher, der einzige in der Familie. Während der Kriegs- und Nachkriegszeit hob die Mutti alle Raucherabschnitte für ihn auf oder schickte sie ihm. Sonst wurden sie gegen Lebensmittelmarken oder „Spinnstoffpunkte" (das Fremdwort „Textilien" war germanisiert worden) eingetauscht. Der Großvati ging eher den umge-

kehrten Weg – auf das Essen konnte er verzichten, auf sein geliebtes Nikotin nicht.
Wir Kinder des Wohlstandes, in dem wir uns (immer noch) gut gepolstert eingerichtet haben, müssen die Wahl „Lebensmittel oder Genussmittel“ höchstens aus gesundheitlichen Gründen treffen. Vielleicht – nein, ziemlich sicher – unterliege ich dem alljährlich zu bestimmten Zeiten (Fastenzeit, Adventzeit, Badezeit...) auftretenden Kampf gegen Fraß, Völlerei und Übergewicht aus Gründen, die in meiner Kindheit liegen. Existentiell war sie zwar nicht von Not und Hunger, aber doch von Entbehrung und Verzicht geprägt, selbst in den Zeiten beginnenden Wirtschaftsaufschwungs. Die Fress-, die Sauf-, die Wohnungs- und die Reisewelle, die aus dem wiederaufgebauten Deutschland kommend in den frühen Fünfzigern auch nach Österreich überschwappte, hat unsere Familie jedenfalls sehr, sehr lange nicht erreicht.
Sich zuzuschütten, niederzutrinken, gehörte in unserer Jugend noch nicht zu den Kampfsportarten, die heute bei weit Jüngeren gang und gäbe sind. Es fehlte am Geld und auch am Angebot. Drogen waren unbekannt, obwohl mir das Wort „Morphinist“ irgendwann einmal unterkam, ich weiß den Zusammenhang nicht mehr – Kriegsverwundungen? Ärzte? Wie schon erwähnt, wurde über Partys in den Häusern besser gestell-

ter Kaufmanns-Söhnchen und Geschäftserben getuschelt, in denen der Alkohol in Strömen fließen sollte und Mädchen der Reihe nach umgelegt worden sein sollen... ich kannte aber weder diese Mädchen noch Knaben aus den reicheren Familien. Das „Saturday night fever" war noch nicht ausgebrochen.

Die Partys, zu denen ich gehe, spielen sich in vertrautem Rahmen ab und haben oft einen konkreten Anlass. Es sind meist Geburtstagsfeiern oder Faschingsfeste, zu denen wir uns entweder feierlich oder fantasievoll an- bzw. verkleiden. Die Feste sind immer noch harmlos, es wird mehr diskutiert und philosophiert als konsumiert, sie spielen sich in Wohnzimmern ab, in denen die Möbel an die Wand gerückt und allfällige Teppiche zusammengerollt werden, denn getanzt wird heftig, und sie enden, schon aus verkehrstechnischen Gründen, fahrplanmäßig, nämlich spätestens vor Abfahrt der letzten Straßenbahn.

Einmal aber darf ich bei meiner besten (nicht zu verwechseln mit der allerbesten!) Freundin in Pörtschach übernachten. Ihre Eltern sind Mitbesitzer eines kleinen Hotels, das im Sommer noch kaum und im Winter gar keine Gäste hat. Es ist die übliche Mischung aus Tanzkurspartnern und Abi-Kurs-Mitschülern, fest miteinander verbundenen Pärchen und Einzelgängern und -gängerinnen, die noch zu haben sind, ich befinde mich in der Max-Trennungsphase und leide unter Weltschmerz, alle sind so richtig lustig und faschingstoll. Wahrscheinlich, ziemlich sicher steht doch die eine oder andere Likörflasche hinter den selbstgemachten Sandwiches. Wenn Alkohol der Grund der Fröhlichkeit und des Gelächters ist, probiere ich es auch, ich will auch in Stimmung kommen – und so kippe ich unkontrolliert, durcheinander und vor allem hastig ein buntes Gläschen nach dem anderen.

Bei mir wirkt der Alkohol anders. Prompt versinke ich in Selbstmitleid, kriege das heulende Elend und außerdem eine umherliegende (stumpfe!) Schere zu fassen. Das Zimmer schwankt, ich versuche einerseits gegenzusteuern und mir andererseits mit dem ungeeigneten Instrument die Pulsadern zu ritzen, die ich begreiflicherweise nicht finde, mir wird weich und schwabbelig, ich erhöhe die Lautstärke meines Schluchzens, weil zunächst niemand meinen seelischen und körperlichen Zustand bemerkt. Erst als meine beste Freundin herbeistürzt und mir entsetzt die Schere entreißt, begebe ich mich, wie im Vorjahr auf der Maturareise, in eine wohlinszenierte Ohnmacht. Ab nun bin ich für nichts mehr verantwortlich. Sollen sich doch die anderen um mich sorgen – und das tun sie auch. Ich werde gestreichelt, bedauert, der Oberbekleidung entledigt und in ein (unvorsichtigerweise frischbezogenes) Bett ge-

steckt, in dem ich sofort traumlos und ohne Nachwirkungen einschlafe.
Am nächsten Morgen weiß ich von nichts mehr. Das ist glaubhaft und außerdem das Beste. Ich beschließe, weitere derartige Aktionen bei gegebenem Anlass nur mehr wohlüberlegt und gezielt, vor allem nicht inflationär einzusetzen. Alles, was geschehen ist, kann ich auf den Alkohol schieben – nicht ich habe agiert, sondern eine böse Macht hat mich gelenkt. Äußerst praktisch.
Der Fasching geht weiter, auch der Abiturientenkurs mit seinen öden, verachteten Gegenständen. Während meiner Zeit im Realgymnasium habe ich nie geschwänzt, jetzt nütze ich es gemeinsam mit meinen Freundinnen aus, dass die Anwesenheitspflicht laxer gehandhabt wird. Keine Fehlstunden weise ich eigentlich nur in Steno und Maschinschreiben und, sonderbar, in Buchhaltung auf, wo mir plötzlich und unerwartet der Knopf aufgegangen ist und ich endlich „Soll" und „Haben" nicht mehr verwechsle. Wir verstecken uns im Klo, bis der langweilige Volkswirtschafts-Professor in der Klasse ist, und dann hauen wir ab. Wir versitzen unsere Zeit bei einem (EINEM) Espresso im Café Adler (mehr Schauspieler!), Café Perstinger (mehr Künstler!) und Café Platzl (vielleicht kommt der Udo Bolan, der eigentlich Bockelmann heißt, vorbei, der in der Band des Freundes meiner besten Freundin spielt!). Wir

planen die nächsten Abende: Theater – Konzert – Kino – Samstag Künstlergschnas – oder gehen wir in die Arbeiterkammer, wo der komische Amerikaner, Marcel Prawy nennt er sich, uns zum zweiten Male amerikanische Sangeskultur vorstellen will? „O what a wonderful morning, o what a wonderful day" singen ein hübscher blonder Bass und eine noch hübschere dunkelhäutige Sängerin mit rosafarbenen Handflächen, Olive Moorefield heißt sie, und der recht gut deutsch sprechende Amerikaner Marcel Prawy begeistert sich über „Kiss me, Kate", „Oklahoma", „Showboat" und ähnliche Stücke, von denen wir noch nicht viel gehört haben.

Das Künstlergschnas in Klagenfurt, im Künstlerhaus! Der Höhepunkt der Saison, und darüber hinaus ein Ereignis, das zu besuchen für ein halbwegs anständiges Mädchen, für höhere Töchter, unter ein absolutes Verdikt fiel. Veranstaltet durch den Kunstverein, Maler, Bildhauer und ähnliches Gelichter, hatte das Gschnas einen schauerlichen Ruf, den genau diese Maler – beispielsweise unser Zeichenprofessor, der lange Utho Christl – durch gezielte Informationen noch schlimmer machten. Außer dem Utho Christl kannten wir ja niemanden von Angesicht zu Angesicht, der je auf diesem „Ball", für den Maskenzwang herrschte, gewesen war. Selbst die sonst so mit Erfahrungen renommierenden Mädchen der A-Klasse oder der

Klasse über uns hätten nie gewagt, einen Besuch zuzugeben. Was genau im eigentlichen Ballsaal oder gar im Keller zu geschehen pflegte, konnten wir nur ahnen. Der Utho Christl sei einmal als „Ofen“ verkleidet gewesen, das Ofentürl war hinten, und beim Öffnen des Türls hätte man seinen bloßen Hintern sehen können… Und im Keller, im Keller muss das Reinigungspersonal jedes Jahr am Morgen danach eine Unzahl von Damenunterhoserln zusammenklauben…

Meine beste Freundin und ich beschließen, uns selbst zu überzeugen und entsprechend zu schützen. Wir holen den alten Schwur „Grenze Halskette“ hervor, den sie – und ich glaube es ihr – noch immer einhält, obwohl ihr Freund mit jenem bewussten Udo Bolan in einer Gruppe spielt, und wir wählen eine in unseren Augen total kreative, jedoch keinen Zentimeter Jungfrauenhaut freilassende Verkleidung. Meine Freundin geht als Chinesin, mit Halbmaske, im hochgeschlossenen Kimono, und ich ganz authentisch, ebenfalls mit Augenmaske, als „Autogrammjägerin“: hochgeschlossene weiße Bluse, Capri-Hose, darunter fleischfarbene dicke Nylons, und überall hefte ich Herzerln mit nachgemachten Künstler-Autogrammen an. Das erlaubt einerseits keinen körperlichen Zugriff und anderserseits sehr wohl jede Art von Gesprächsanknüpfung.

Wir ahnungslosen Engel! Sodom und Gomorrha

sind ausgebrochen. Wohin haben wir uns verirrt? Die wahnwitzigsten Ungeheuer, Gnome, Satyre, Bacchanten, halbnackten Elfen und Hexen feiern ihre Walpurgisnacht, tanzen auf dem Blocksberg, umschlingen einander, sind untrennbar verbunden, um sich von den jeweiligen Lippen loszureißen und sich dem Nächsten, der Nächsten an den Hals zu werfen. Die keusche Chinesin habe ich bald aus den Augen verloren, ich kämpfe mich tapfer durch das Gewoge.
Eine Gestalt, halb griechischer Gott, halb Waldschratt, reißt mich an sich („fordert mich zum Tanzen auf" wäre eine unpassende Beschreibung), er trägt Jeans, sein Oberkörper ist nackt ab der schmalen Taille, die Brust breit und gerade richtig behaart, Kopf und Gesicht unkenntlich, weil von einer prächtigen Federmaske bedeckt. Voller Mitleid fragt er in schönstem Bühnendeutsch, wie denn das kleine Mädchen in diese Szene passt? Ich gehöre eigentlich auf einen Kindergeburtstag und nicht in dieses höllische Getümmel! Trotzdem scheint er an dem „Kind" Gefallen zu finden, lässt mich nicht mehr aus, tanzt mit mir Tänze, die wir beim „Tachler" nicht gelernt haben, und lässt mich nicht hinter seine Maske blicken. Pünktlich um Mitternacht heißt es „Demaskierung". O nein, das gibt's doch nicht – der neue als „Naturbursche" angekündigte Held des Theaters, Hans von Borsody! Wo meine Chi-

nesin ist, interessiert mich nicht mehr, mich interessiert nicht, wie ich nach Hause komme (die letzte Straßenbahn ist längst weg), denn er lässt mich auch nach der Demaskierung nicht aus, ist gar nicht mehr überheblich, sondern durchaus auf meiner Höhe. Jedenfalls passen seine Hände sehr gut auf meine Schultern und auch sonst wohin, gut, dass sich die hochgeschlossene Bluse öffnen lässt. Bei weiteren Erkundigungen entdeckt er die keuschen dicken Nylons und muss doch wieder lachen. Ist es spät, ist es früh? Keine Tugendwächterin erinnert mich an irgendwelche Pflichten.

Selbst ein Künstlergschnas endet in den Morgenstunden. Wir spazieren – jetzt wieder züchtiger und vor allem wärmer bekleidet, er mit Pullover, ich mit bravem Mantel – bis zur ersten Straßenbahn durch die eisglatten Straßen, haben einander viel zu erzählen: Sein Vater ist beim Film, ein berühmter Regisseur, weiß ich doch, meiner ist rausgeschmissener Lehrer. Er ist vierundzwanzig, ich bin gerade achtzehn, er hat ein kleines Zimmer im Gasthof Müller (ja, dort, wo der heißgeliebte und längst vergessene Fred Filippi wohnte!), er will große Rollen spielen, aber da sind noch einige andere neu engagiert, der junge Helmut Lohner, der auch im Gasthof Müller logiert, der blonde Rudolf Lenz, der jugendliche Liebhaber Aladar Kunrad, der männliche Erich Schachin-

ger... Als die erste frühe Straßenbahn zur Abfahrt bimmelt, schenkt er mir die selbstgebastelte bunte Federnmaske. „Hast du Telefon", fragt er, Betonung ganz bühnenmäßig auf der ersten Silbe – ich habe weder TE-lefon noch Tele-FON, daran darf es nicht scheitern, wir werden, wir müssen uns wiedersehen.

O ja, das tun wir auch. Ich bin ja so verliebt. Zum ersten Mal ganz richtig – kein Gedanke an die kindische Schwarm-Liste, an die große Tanzkurs-Liebe, an die doch eben erst beendete „Verlobung" mit dem vorwurfsvollen, elend leidenden Max, der mich täglich im Abi-Kurs sehen muss. Inzwischen bin ich wieder in die 2. Reihe zurückgewandert, um nicht neben ihm sitzen zu müssen. Ich bin in einen anderen verliebt, ich liebe, und das wird jetzt für immer sein. Wir stiefeln durch den matschigen Schnee, durch Wälder und Wiesen, zur Zillhöhe und zum Kreuzbergl. Er memoriert seine nächste Rolle, ich lausche verzückt. Wieder legt er den Arm um mich, küsst mich gedankenlos und brüderlich, bis mir die Tränen der Unsicherheit in die Augen schießen und seine Küsse nun doch mehr Interesse erkennen lassen.

Die unendlich lange Zeit von einer Verabredung zur nächsten verkürze ich, indem ich für die Schularbeiten und mündlichen Prüfungen lerne. Trotz meiner Hochs und Tiefs, trotz meiner Verliebtheit und Tagträume bekomme ich gute bis

mittelmäßige Noten. Ich hole ihn beim Bühnentürl ab zu einem weiteren Spaziergang. Seine Gage ist klein, meine Einkünfte aus den Nachhilfestunden sind für Schallplatten und Kleider draufgegangen, ewig bei einem Espresso können nur Schulmädchen sitzen, nicht angehende Bühnenhelden. Er nennt mich „lieber Spatz" und fotografiert mich, beinahe erwachsen und kess sehe ich auf den Bildern aus – nur seinen Schauspielerkollegen stellt er mich nicht vor, dafür bin ich wohl immer noch zu mickrig und unscheinbar.
Der Frühling ist zu ahnen, lässt aber auf sich warten. In all diesen Jahren ließ der Frühling auf sich warten. Die Parkbänke sind von altem Schnee bedeckt, nass und kalt, zum Sitzen und Schmusen völlig ungeeignet. Meinen einzigen schäbigen Mantel putzt ein karierter Schal auf, der auch nicht gerade als dernier cri bezeichnet werden kann, aber wenigstens den abgewetzten Kragen verdeckt. Die Schuhe haben Schneeränder und sind feucht und unförmig. Mein hübsches weinrotes Kleid mit den vielen, vielen Knöpfen, enganliegend, weichfallend, das bisschen Busen betonend, ein Glücksgriff aus der letzten Kleiderspende, bleibt unter dem Mantel versteckt.
Bleibt es nicht. Mein Held schlägt vor, dass wir uns doch aufwärmen sollten, so nah, wie wir bei unserem Spaziergang dem Gasthof Müller zufällig gekommen sind. Er wird uns einen Tee machen,

auf seinem Zimmer, mit dem Tauchsieder, ich kann meine Schuhe trocknen und auch das Mäntelchen, er wird mir den „Cornett“ rezitieren, der Text liegt bei seinen Büchern, und alles geschieht, wie er es versprochen hat: Tee – trocknende Schuhe – Cornett –, es ist halt nur ein Sessel in dem winzigen Zimmerchen, aber auf dem Bett ist Platz für uns beide, quer und keusch. Reiten – durch den Tag, durch die Nacht... Die Worte tragen mich mit, ich liege, an ihn, in seine Armbeuge gekuschelt, voller Vertrauen, die Worte werden ekstatischer.
Nicht nur die Worte. Das hatten wir doch schon einmal, Salzburg, Mozarteum – gleich wird er sich auf die Kraft Rilkescher Verse ausreden, die ihn den Kopf verlieren lässt, um seinen Verstand bringt. Er nestelt an meinen hundert Knöpfen und Schlingen, die sich züchtig widersetzen, o Gott, dein Kleid ist ein Alptraum, hab keine Angst, ich will dir nicht wehtun, sagt er, bitte nicht, sage ich, tu's nicht, sage ich, und möchte doch sagen, mach weiter – ich weiß nicht, was ich tun soll – das, was ich möchte? Das, was ich soll?
Die Entscheidung nimmt mir ein Deus ex machina ab. Helmut Lohner, sein Zimmernachbar, von der Kritik als „zu großen Hoffnungen berechtigendes Talent“ hochgejubelt, platzt ohne anzuklopfen herein. Mein Held hatte vergessen, die Tür

abzuschließen. „Oh, Pardon…" – (Pardon, nicht „Verzeihung". Savoir vivre!) „Pardon – du hast wohl Besuch…" In schönstem, wenn auch knappem Bühnendeutsch tritt er routiniert den Rückzug an.

Die Situation sowie meine Unschuld ist gerettet. Die Stimmung, vor allem seine Stimmung, die ist allerdings im Eimer. Ich knöpfe die Knöpfe des Alptraumkleides wieder zu, ziehe Schuhe und Mantel an, fahre mit den Fingern durch die Haare und mit dem nächsten Obus heim.

Ob mein Held mich zur Haltestelle begleitet hat, daran kann ich mich beim besten Willen nicht mehr erinnern. Wir sehen einander nach diesem nicht stattgefundenen Ereignis nie mehr allein.

Wieder einmal habe ich Liebeskummer, ganz, ganz schlimmen diesmal. Ich kämpfe mit meinen Ängsten und will ihn zurückerobern, ihm notfalls sogar „zu Willen sein", nachzulesen in den Schundheftln, die ich neben meiner Weltliteratur verschlinge. Ich werde meine Unschuld opfern, wenn es schon sein muss, denn irgendwann wird es wohl sein müssen. Aber er hat sein Interesse verloren, umgibt sich mit hübscheren, erfahreneren jungen Damen, die vermutlich weniger Umstände machen und nicht so zimperlich sind. Ich kleide mich in tragisch-morbides Schwarz, hochgeschlossenen Rolli, Stöckelschuhe. Die wiederaufgetauchte Großmutter näht endlich das so elegante Pepitakostüm mit schwarz-samtenen Kragenspiegeln fertig, darin schaue ich älter und beinahe so chic wie seine neue Begleiterin aus. Eine frische, noch gekräuseltere Dauerwelle ist meine letzte Hoffnung – sein Kommentar bei einem zufälligen (oder von mir geschickt inszenierten?) Treffen: „Nanu – frisch getrimmt?" In meiner Verzweiflung borge ich mir den derzeitigen Freund meiner aller-, allerbesten Freundin als abendlichen Begleiter aus, zahle ihm sogar die sündteure Karte für die erste Reihe der Premiere von „Ein Diener zweier Herren", in der mein Held mit Peter Weck gemeinsam auftritt. Nun wird ihn sicher die Eifersucht zerfressen, wenn er sieht, dass ich mich getröstet habe, er wird mich anflehen, zu ihm zurückzukehren... Vergeblich. Der Traum ist vorbei.

So beginne ich, diesen Traum abzuschütteln und mich der Realität zuzuwenden. Die Realität ist der Abiturientenkurs, dessen Ende absehbar ist. Es ist ohnehin ein Wunder, dass ich durchgehalten habe, obwohl mich der kaufmännische Stoff so gut wie überhaupt nicht interessiert. Mit ein bisschen Auswendiglernen, mit Bluffen, Schwindeln, Tricks und notfalls eingesetzten Tränen ist es mir gelungen, ganz erträgliche Prüfungs- und Schularbeitennoten zu erreichen. Steno und Maschinschreiben macht am meisten Spass, da bin ich führend. Und das werde ich auch brauchen, denn ein großes Ereignis steht mir ins Haus: Ich soll mich bewerben, bin zu einem Vorstellungsgespräch geladen – ich habe die Chance, eine Anstellung zu bekommen. In der führenden Versicherungsanstalt des Landes.

So viele Jahre sind seit meinem ersten Vorstellungsgespräch vergangen, es ist mir heute noch in Erinnerung, als ob es gestern gewesen wäre. In den vielen Jahren als Lehrerin an der Berufsschule, wenn die unsicheren und herumgeschubsten Lehranfängerinnen vor mir saßen, und später, in der Erwachsenenbildung, als es für Arbeitssuchende und Wiedereinsteigerinnen um „Wie bewerbe ich mich richtig" oder „Schriftliche und mündliche Stellenbewerbung" ging, habe ich mir wohl immer diese Situation ins Gedächtnis gerufen: diese Unsicherheit, die Angst, die Größe der dunkel getäfelten Räume, die riesigen Schreibtische, den dumpfen Bürogeruch, die Fremdheit der Umgebung, die abwartend-neutrale Haltung der Angestellten, das Vorlegen meiner Zeugnisse, die stattliche Person des Personalchefs, der mich bei Steno- und Maschinendiktat abtaxierte, besichtigte, beurteilte, das Warten und Zittern danach, die feuchten Hände, den Achselschweiß, endlich die Erlösung und die Audienz beim richtigen Chef, dem Herrn w. („Wirklichen") Hofrat und Direktor der größten Versicherungsanstalt Kärntens, den ich mir auf

Grund seines Namens adelig, mächtig und imposant vorstellte und der dann doch so weißhaarig, klein und spillerig war. Mächtig war nur sein Schreibtisch, der davor liegende dicke Teppich, der kein Ende nahm.

Diese Erinnerung half mir, mich in meine Schülerinnen und später in meine Kursteilnehmerinnen, die für Vorstellungsgespräche trainiert werden sollten, einzufühlen und ihnen mehr Selbstvertrauen zu verschaffen. Das Wort „Arbeitsmarkt" hat mich immer an „Sklavenmarkt" gemahnt, längst bevor ich auf unserer als links verschrienen UNI Zugang zu marxistischem Gedankengut fand. Wie eine zur Besichtigung ausgestellte Sklavin fühlte ich mich damals – und war doch nur ein Einzelschicksal inmitten der vielen Arbeitslosen und Stellungsuchenden jener Zeit, einer Zeit, die sich heute in einem weit größeren, angstmachenden Ausmaß zu wiederholen scheint.

Meine Zeugnisse (vor allem die Vorzugszeugnisse aus dem Realgymnasium) und Leistungen überzeugen, vielleicht überzeugt auch mein Äußeres, für das ich viel Aufmerksamkeit aufgewendet habe. Weit eher dürfte aber die Fürsprache des netten Fräulein Zier genützt haben, deren Schwester die Sekretärin eines echten Bundesrates ist, bei dem der Vati schon seit Jahren antichambriert, um mit dessen politischer Unterstützung („Interventionitis" ist eine nicht nur heute be-

kannte Krankheit!) endlich wieder in den Schuldienst aufgenommen zu werden. Sie wird sich um mich kümmern, mich in die Geheimnisse des Sekretariats einführen, mir erklären, wie sich eine Chefsekretärin zu verhalten hat. Denn da dürfte ich noch viel zu lernen haben.
Voller Begeisterung stürze ich mich in meinen neuen Lebensabschnitt, der „Berufsleben" heißt. Ich bin knapp über achtzehn Jahre alt.
Über die ersten Wochen und Monate meiner Tätigkeit als Direktionssekretärin möchte ich eigentlich den Mantel des Schweigens breiten. Sie sind kein Ruhmesblatt für eine ehrgeizige Vorzugsschülerin... Non scholae, sed vitae discimus – im Abi-Kurs gab es kein nutzloses Latein, ganz im Gegenteil, es gab nur nützliche Fächer, wir wurden ja auf die Praxis vorbereitet. Ich konnte das Wort „Praxis" schon nicht mehr hören! Den Sinn dieses Spruches haben aber auch die Lehrer des angeblich für die Praxis ausbildenden Kurses ins Gegenteil verkehrt, denn wir lernen auch da nur für die Schule, für die Prüfungen und Schularbeiten, wir pauken Theorie und Buchungssätze und Regeln und Definitionen (einmal von Steno und Maschinschreiben abgesehen), kein Beistrich darf vergessen werden, es ist alles formal und unbrauchbar.
Wie unbrauchbar, bemerke ich bald. Mit der Bilanz einer Aktiengesellschaft kann ich wenig an-

fangen, nichts mit den Definitionen von OHG, KG, GesmbH & Co KG, mit meinen stereotypen Schriftverkehrsbriefen und Maschinschreibnormen. In der „Kärntnerischen Landes-Brandschaden-Versicherungs-Anstalt" sind andere Normen etabliert. Ich habe keine Ahnung, was ich bei einem Tippfehler zu tun habe – Tippfehler waren im Unterricht eine Katastrophe, so gut wie verboten und schlugen sich nur als Fehlerabzüge nieder, weshalb man sie strikt zu vermeiden suchte. Sonst blieben sie einfach stehen. In der „Praxis" heißt es, einen Brief mit Tippfehlern entweder neu zu schreiben – höchst mühsam mit der alten Continental-Schreibmaschine! –, oder die Fehler möglichst unsichtbar zu entfernen, mit der blauen, der harten Seite des Radiergummis. Nicht einmal radieren hatten wir im Maschinschreibunterricht gelernt! Bei jedem einzelnen Durchschlag (Kopien sind noch nicht üblich) musste diese Prozedur angewandt werden, wobei ich oft bis zu acht Durchschläge anzufertigen hatte. Was ein Erlagschein ist, hatten wir in Betriebswirtschaftslehre bzw. Schriftverkehr wohl gelernt – wie er auszufüllen ist und was man danach damit anfängt, leider nicht.

Das Schlimmste ist das Telefon. Davon gibt es mehrere in meinem Sekretariat bzw. der Direktion. Sie klingeln unterschiedlich und boshaft. Interne Gespräche – externe Gespräche – Auslands-

gespräche – ein Gespräch auf der höchst privaten Leitung (zumeist ist es die Frau des Chefs, die wortlos auflegt, wenn sie meine Stimme hört, oder ohne Namensnennung nach ihrem Mann verlangt) – ich lerne erst spät, die Töne zu erkennen und zum jeweils wichtigsten Anruf hinzurennen. Ich bin leicht überfordert, werde das aber nie zugeben. Die Berge an täglicher Post, die ich durchzusehen und in verschiedene Mappen für Direktion und einzelne Abteilungen aufzuteilen habe, wachsen mir über den Kopf. Das Fräulein Zier ist Abteilungsleiterin und hat wenig Zeit für mich. Weder in die Sekretariatspraxis noch in die geheimnisvollen Zusammenhänge, die es in jedem Betrieb und jedem Büro gibt, kann sie mich sinnvoll einführen.

Alles, was ich nicht verstehe, stopfe ich in meine Schreibtischlade. Ob es sich um Lieferscheine oder Rechnungen handelt, ob es sich um Termine und Fristen dreht, es wird eine Zeit kommen, in der das Fräulein Zier sich mir ungestört widmen kann, zum Beispiel nächste Woche, da ist der große kleine Chef eine Woche weg. Gleich am Montag werden wir das Chaos aufarbeiten.

Am Montag komme ich überpünktlich ins Büro, wie immer eine halbe Stunde vor den anderen Angestellten. Stechuhr gibt es keine, aber Anwesenheitslisten, die der Oberoffizial, der Herr Holzer, täglich aus dem Sekretariat, meinem

Sekretariat, abholt. Freilich könnte ich unterschreiben, wenn der Stapel der Listen wieder zurückkommt – aber wie sieht das aus, wenn die frischgebackene Direktionssekretärin nicht als erste unterschrieben hat! Die Listen können in jeder Abteilung voller Schadenfreude durchgesehen werden.
Am Montag bin ich aber nicht allein im Büro – mein Chef hat die Abreise verschoben, um stumm und drohend auf meinen Schreibtisch zu zeigen: Dort türmt sich der Papierberg, den er aus der Schublade meines Arbeitsplatzes hervorgekramt hat, Erlagscheine, Rechnungen, wichtige Akten, ein wüstes Durcheinander. Einen Satz sagt er doch noch vor seiner Abfahrt: „Wenn ich zurückkomme, ist entweder dieser Haufen weg oder Sie!"
Mit Hilfe von Fräulein Zier ist der Haufen weg. Ich kann bleiben. Aber ich tappe noch in viele Fettnäpfchen – indem ich mit anderen Angestellten oder gar Arbeitern rede (undenkbar für eine Direktionssekretärin!), oder indem ich das erste Protokoll, das ich während einer Beiratssitzung aufnehme, wortwörtlich, mit allen Dialekt- und Kraftausdrücken der bäuerlichen Beiräte (der Landeshauptmannstellvertreter Ferlitsch formuliert recht deftig) in die Rohfassung tippe, um es stolz dem entsetzten Herrn w. Hofrat vorzulegen als ein Zeichen meiner Stenokenntnisse und gesellschaftlichen Ahnungslosigkeit… oder indem

ich beispielsweise in meiner geliebten Caprihose zum Dienst erscheine, was einen argen Rüffel zur Folge hat: Wir versichern doch Kirchen und Klöster, da kann eine Sekretärin nicht so unsittlich daherkommen!

Ja, die Kirchen und Klöster!

Eines Tages holt mich der Herr W. Hofrat ins Chefzimmer und schaltet das rote „Bitte nicht stören" ein. „Fräulein Kopper, ich mein', wir versichern doch so viele Kirchen und Klöster, ich mein', und Sie sind noch immer ohne religiöses Bekenntnis, ich mein' – könnten Sie sich nicht überlegen, katholisch zu werden, ich mein'?"

Das überlege ich mir schon lang. Meine beste Freundin, die zwar einen Freund hat (aber nur bis zur „Grenze Halskette"), sie würde sich auch freuen, wenn ich diesen Schritt schaffen könnte. Und so habe ich bereits vor des w. Hofrats zögernd und verlegen vorgebrachtem Ansinnen bei unserem Krumpendorfer Pfarrer, dem Hochw. Herrn Lappe, mit einem Übertritts- oder Eintrittsunterricht begonnen. Das sage ich auch dem Herrn Hofrat, der darüber sichtlich erleichtert ist.

Es wurde dann allerdings nichts daraus. Der Hochw. Herr Lappe, ein runder, freundlicher Mann aus dem Ruhrgebiet, den die Krumpendorfer schätzen und mögen (die Grohar Gusti sagte einmal: „Unser Pfarrer, der ist in Ordnung. Der hat Frau und Kind wie die normalen Menschen auch!"), kommt etwa in der vierten oder fünften Übertrittsstunde zum Thema „Fegefeuer". Ich, ganz auf Philosophie setzend, stimme ihm zu, dass so irgendwas Metaphysisches zwischen Leben und Tod wohl nötig sei, ich stelle mir vage und ohne mir ein Bild zu machen, eine geistige Wartehalle auf die ewige Glückseligkeit vor. Dem ist nicht so, gibt mir Hochwürden zu verstehen – im Fegefeuer herrscht spürbares Feuer, die armen Seelen werden geröstet, eine Seite nach der anderen, gegrillt und körperlich gestraft…

Das schaff ich nicht. Und gestehe es auch dem Herrn w. Hofrat. Es ist imponierend: Er nimmt mein Versagen zur Kenntnis und spricht mit keinem Wort mehr meine Glaubenslosigkeit an!

Durch mein Sekretariatsfenster kann ich, wenn es die Arbeit zulässt, auf den Landhaushof schauen. Im Sommer wird eine Freilichtbühne aufgebaut, „Fidelio" mit Helge Rosvaenge als Florestan ist auf dem Programm. Wenn es später wird bei meinem Dienst – es wird oft später, noch gilt die 48-Stunden-Woche, und auch Überstunden fallen an, sodass ich täglich rund 12 Stunden im Büro bin –, schwindle ich mich in die Proben, wobei mir ein Abi-Kurs-Freund, der Statist ist, hilft. Den Rocco singt der große Bassbariton, der mir schon als Sarastro so gefallen hat, ein Jahr zuvor, und mit dem ich beim Ball unseres Realgymnasiums ein paar Worte gewechselt habe. „Zur Liebe kann

ich dich nicht zwingen, doch geb ich dir die Freiheit nicht…", die Worte, die er an Pamina richtete, blieben in meinem Herzen.
Als Rocco gefällt er mir auch recht gut, mit diesen Lederstulpenstiefeln an den langen Beinen, mit der sonoren Stimme, die selbst bei den gesprochenen Zwischentexten deutlich zu verstehen ist. Nicht jeder Sänger kann auch sprechen. In der Verlies-Szene, nach der Enttarnung Fidelios als Leonore, Gattin des Florestan, hätte Rocco mit einer Trillerpfeife Hilfe herbeirufen sollen gegen den bösen Pizarro – aber das Pfeiferl streikt, gibt keinen Ton von sich. Es ist ja nur eine Probe.
Bei der Premiere dann – Rosvaenge, schon an die siebzig, reißt die tenorentwöhnten Klagenfurter zu Beifallsstürmen hin, und auch die anderen bekommen verdienten Applaus – überreiche ich dem ebenfalls heftig beklatschten Rocco ein hübsch verpacktes Pfeiferl mitsamt üblichem Blumenstrauß; mein Statist ist unterstützend an meiner Seite. Rocco, der Bass, lacht und bedankt sich und fragt, wann er mich einmal treffen kann, auf ein Glas Wein.
Aus diesem Glas Wein sollten viele werden. Und es blieb nicht nur bei Gläsern.
Meine Florentina, meine Raffaela – bei meinem letzten Besuch in Wien seid ihr vor einem Haufen alter Schwarz-Weiß-Bilder gesessen, hervorgekramt aus einem längst vergessenen Karton aus

dem Schlafzimmer eurer Mama. Sie hat ihn mitgenommen mit ein paar anderen Überbleibseln aus dem spärlichen Nachlass ihrer „Dada“, ihrer Großmutter, die meine Schwiegermutter war. Mein Herz hat zu rasen begonnen, als ich sah, worin ihr gewühlt habt. Ich kenne sie gut, die meisten jedenfalls, Bilder, Zeitungsausschnitte ohne Datum, alte Programme und Theaterankündigungen. Viele davon besitze ich selbst, abgelegt in einer der vielen Schuhschachteln. Einige eurer Bilder habe ich an mich genommen, unbemerkt, es sind ja noch so viele da.

Und so liegt nun ein kleines Amateurfoto vor mir. Es müsste vergrößert werden, um alles genau zu erkennen: die große Schluss-Szene aus Fidelio, die Säulen und Bogen des Landhauses, die Holzbühne, der Chor des Stadttheaters mit dem Extrachor, in der Mitte das Paar Leonore-Florestan, links der Minister, rechts Rita Bartos als Marzelline, und neben ihr, sie um zwei Köpfe überragend, lässig die linke Hand in die Hüfte gestützt, der Gefängniswärter Rocco – euer Großvater.

Ich werde euch wohl die ganze Geschichte erzählen müssen, die damals, 1953, begann, als in der Probe zu „Fidelio“ das Pfeiferl versagte.

8. Kapitel

Wer jetzt kein Haus hat,
baut sich keines mehr

Zu einem eigenen Haus bin ich nicht gekommen im Laufe meines Lebens. In vielen Häusern habe ich gewohnt, die Adressen haben gewechselt. Das erste Häuschen, an das ich mich erinnere, war der Hühnerstall in Raach, bei der lieben Oma, das Schlafkammerl über dem Stall, das der Vati als erstes Nest für die kleine Familie ausgebaut hat. Tagsüber haben wir wohl im Omama-Haus gewohnt; Raach, Waldweg 84. Es folgten die vielen Jahre „Villa Mathilde", zuerst Nr. 86, dann Kochstraße 6 beschildert. Kaum größer als die Raacher „Hühnerstall-Wohnung" war das Dachgeschoß des ersten eigenen Häuschens, das die Eltern am Bachweg errichteten. Harte Bettgestelle mit uralten Matratzen wurden unter die Dachschräge gezwängt, mit fünf, sechs Geschwistern hauste ich dort bis zur Fertigstellung des Einfamilienhauses. Mein erstes Ehejahr verbrachte ich in der imposanten, abgewohnten Duffek-Villa in Steyr, Leopold-Werndl-Straße 3, um zurückzukehren in die Wohnung in Krumpendorf, aus der die Eltern schon ausgezogen waren. Nach der Kündigung durch den Besitzer: ein Notquartier

im „Kärntnerhof", nasser, schimmelnder Keller, unbeheizbar, trist; schließlich die paar Monate möblierte Untermiete im Haus an der Hauptstraße, 1. Stock, in dessen Erdgeschoß früher „unser" Feinkostgeschäft gewesen ist, das längst anderen Geschäften weichen musste.
Und danach, nach der Katastrophe, die Rückkehr der verlorenen Tochter in die Sicherheit der elterlichen Familie, in das neu erbaute Einfamilienhaus, zu Eltern und verbliebenen Geschwistern: ein Zimmerchen für mein Kind und für mich, Schutz, Mutterschoß, Bachweg 47, viele Jahre lang. Auch dieses bescheidene Zimmer war keine dauerhafte, keine bleibende Statt: Jedes Jahr in der beginnenden Urlaubssaison hatten wir es zu räumen, alle persönliche Habe in Schachteln zu verpacken und auszuweichen für die „Fremden", die deutschen Sommergäste, Scharnowreisende der billigsten Kategorie (fließendes Kaltwasser, genau vorgeschriebene Kaffeebohnenzahl, zwei Semmeln, ein Stückchen Butter, ein Schälchen Marmelade…), auszuweichen in den feuchten, notdürftig ausgebauten Keller, in dem Vater, Mutter und ein Teil der Geschwister übersommerten, oder – ich hatte immerhin die Wahl – unter das kaum isolierte Dach auf den drückendheißen Dachboden.
Erst die erwachsen werdende Tochter mitsamt ihrem aus dem Tierasyl geholten Semmelhund

schaffen es, mich zu emanzipieren und das Wagnis einer eigenen Wohnung auf mich zu nehmen, einer Wohnung, die nun auch schon abgewohnt und schäbig wird, aber immerhin mein Eigentum geworden ist, mein wohl letztes Zuhause. So habe ich mir, wenn schon kein Haus, so doch eine Bleibe geschaffen, für mich, für meinen Hund, für die Besuche von Tochter und Enkelkindern.

Raffaela, weißt du noch – in deinem Stockbett hast du dir eine „feste Burg" gebaut, du hast alle deine Stoff- und Schmusetiere nach einem uns Großen unverständlichen, von dir aber genau eingehaltenen Muster rund um deinen Schlafplatz arrangiert, um dich vor den Wölfen, den bösen Geistern und bösen Träumen zu schützen. Hat es geholfen? Wie kann ich meine Wohnung, meine Schlafstätte vor den bösen Träumen, vor den schlimmen Erinnerungen schützen, die sich immer wieder Einlass verschaffen? Sie kommen ohne ersichtlichen, ohne erkennbaren Anlass, die Alpträume, die mich wieder zurückführen in eine Abhängigkeit, in Unfreiheit und Unterdrückung, in Angst und Sorgen und Hoffnungslosigkeit. Der Mann, mit dem ich verheiratet war, drängt sich in diese Träume, er kehrt zurück aus „dem unentdeckten Land, von des Bezirk kein Wand'rer wiederkehrt" und nimmt noch einmal von mir Besitz, von meinem Denken, von meinem Körper, von meinem Leben, über das er sieben Jahre lang bestimmt hatte. Er will Rechenschaft von mir, über die Jahre, die Jahrzehnte, die ich ohne ihn verbracht habe, und hat doch kein Recht dazu, denn er ist ja selbst aus meinem Leben gegangen, er ist tot, tot… Oder war ich es, die gegangen ist? Ja, ich wollte gehen, flüchten, davonlaufen, einen Schlusspunkt setzen, ein Ende machen – er jedoch hat mir die Regie aus der Hand genommen, hat die letzte Szene selbst inszeniert. Er ließ mich allein zurück mit meinem Kind und hat mich doch nie mehr losgelassen.

Alles hatte so lachhaft harmlos, so unschuldig kindisch begonnen, eine Backfischschwärmerei, nein, nicht einmal das, eine bloße Wichtigtuerei, denn geschwärmt habe ich damals von jüngeren Schauspielern, hübscheren, eleganteren, fröhlicheren. Die kleine Trillerpfeife, das Geschenk an Rocco, den Gefängniswärter, war also der Anlass unserer Bekanntschaft, Fidelio im Landhaushof, und das erste Glas Wein, das erste von vielen, von unzähligen, folgte bald nach einer der nächsten Aufführungen, im Theatercafé, im Café Axel Roll.

Seit Juli verdiene ich mein erstes Geld! Ich bin Vertragsbedienstete, leider nur im Schema c – Fachdienst, trotz meiner Matura. Maturanten könnten nach Schema b entlohnt werden, welche Firma tut das schon – vor allem mit weiblichen Maturanten! Immerhin bekomme ich fast tausend

Schilling Monatslohn bei 48 Wochenstunden ausbezahlt, dreizehn Mal im Jahr. Die Überstunden werden extra bezahlt, und ich muss viele Überstunden machen. Jetzt kann ich mir die Schneiderin endlich leisten, suche mir die schicksten Modelle aus den Journalen aus, figurbetont mit enggeknöpfter Taille, knalligen Farben, giftgrün, dunkelrot, weiß und schwarz. Brust heraus, Bauch hinein, Marilyn, Ava Gardner, Jane Russell lassen grüßen. Die Röcke sind hauteng oder rauschend weit, ein neuer Stoff, „Everglace", ist der letzte Schrei: steif, mit lauter kleinen Noppen, angeblich bügelfrei. Ich kaufe mir rotschimmernde Metallisé-Schuhe und weiße Riemchen-Sandaletten mit unglaublich hohen Absätzen, 13 cm schaffe ich, auf denen ich den lieben langen Bürotag durch Sekretariat und Direktion stöckele, die Schmerzen und entstehenden Hühneraugen tapfer negierend. Mich umgibt eine strenge Wolke von „Chat noir", einem Parfum, das ich eigentlich nicht mag – dafür mag es mein Chef, der Wirkliche Hofrat, der es mir literweise schenkt. Um es zu verbrauchen, wasche ich mich sogar damit, ein juckendes Ekzem ist die Folge.

Die randlose Brille hat ausgedient, das neue Brillengestell zeigt eine modische Schmetterlingsform mit beinahe echten Brillanten. Statt in den tristen mausgrauen Wintermantel werde ich mich an kalten Tagen in eine flauschig-weiße Plüschjacke hüllen. Noch ist es Sommer. In meiner kargen Freizeit trage ich tiefausgeschnittene schwarze Samtoberteile zu schwingenden weißen Röcken, spanische Rüschenblusen zu engen „Slacks“, rückenfreie blumige Strandkleider, todschicke Riemchensandalen… Wie bin ich doch elegant geworden, ein Glamour-Girl voller Sex Appeal. An Marilyn Monroe komme ich allerdings nicht heran, trotz des spitzen, steifen Büstenhalters, des einschnürenden Hüfthalters aus schweinsrosa Lastex.

Die berüchtigten monatlichen „Tage“ („Regel“ würde nicht stimmen, weil sie äußerst unregelmäßig eintritt) beginnen allmählich ihren äußerlichen Schrecken zu verlieren (die Krämpfe und Beschwerden bleiben mir sehr wohl erhalten!), denn es kommt eine neue Erfindung auf den Markt, „Tampax“ genannt, eine fürchterliche Konstruktion mit zwei Röhrchen, die ineinander gleiten sollen, jedoch nicht wollen, und einem „da unten“ hineinzuschiebenden Wattepfropfen mit Rückholfaden. Wir Jungfrauen brauchen keine Angst vor etwaiger Beschädigung zu haben, steht im verschämt verschlüsselten Beipacktext, und ich vertraue innig dieser Werbung. Lustig ist die monatliche Prozedur nicht, schlimmer kann auch eine Defloration nicht sein. Ich übe hinter verschlossener Zimmertür, weil ich das Klo nicht so lange besetzen kann, mit zusammengebissenen

Zähnen, stumm leidend. Weder Mutter noch Schwestern wissen etwas davon. Ich jedoch fühle mich befreit von widerlichen Watteklumpen und unhygienischen, „waschbaren" Stofffleckerln, vor allem aber den damit verbundenen verräterischen Gerüchen...

Einmal wöchentlich leiste ich mir den Luxus und besuche das Klagenfurter Römerbad, da gehört mir eine blaugekachelte Kabine mit weißer Wanne ganz allein, ich aale mich in einem Vollbad, in heißem, dampfendem Wasser, das ich nicht mit meinen nachbadenden Geschwistern teilen muss.

An den Wochenenden radeln wir Freundinnen zum Five-o'clock-tea nach Pörtschach oder Velden und bestaunen die Haute Volée, die dem Wörthersee Glanz und Glamour gibt. Immer mehr bunte Filme werden in der Kärntner Landschaft gedreht, immer mehr kesse Starlets mit Ponyschwanz und Petticoat führen vor, was Mode ist. Meine beste Freundin überlegt sich, ob sie sich, der Liebe und allfälligem Sex entsagend, von ihrem Freund trennen soll, um den Weg frei zu machen für eine andere, die viel besser zu ihm passen würde. So keusch und edel ist sie. Ich habe einen sanften, scheuen, langbewimperten Verehrer, der mir Schmetterlingsküsse beibringt, indem er seine Wimpern an meinen Pfirsichwangen flattern lässt. Ein hübsches Gefühl, aber nicht so

recht überzeugend. Er will mich überreden, mit ihm auf seinem Motorrad nach Rom zu fahren, weil ich jedem von unserer Maturareise vorschwärme. Mit ihm zu zweit allein wird eine Italienreise bestimmt noch schöner. Es wird auch sicher nichts passieren, verspricht er mir. Es kann in der Tat nichts passieren, ob ich es nun ersehne oder doch eher nicht, weil ich noch gar keinen Urlaub bekomme, so knapp nach meinem Karrierestart.
Kurze Zeit später verunglückt er tödlich, mit eben diesem Motorrad. Seinen Brief, seinen Liebesbrief, fehlerfrei und poetisch, habe ich über die Jahre gerettet.
Er hätte auch der Mutti gefallen, der hübsche Peter Doser. Obwohl sie für mich derzeit andere Pläne hat, nach dem Max-Kalb-Fiasko und meinem Ausflug in die Schauspielerszene. Den Drago Cerafin hat sie mir zugedacht, den älteren von zwei jugoslawischen Regime-Flüchtlingen („Wirtschaftsflüchtlinge" sagte man in den fünfziger Jahren noch nicht), denen sie – wie so vielen anderen vor und nach ihnen – Unterschlupf in unserer Untermietwohnung in der „Villa Mathilde" gewährt hat, gegen den vorerst noch nutzlosen Protest der Tante Mitzi, der Hausherrin. Der Drago ist der gescheitere von den Beiden, allerdings nicht so fesch wie der jüngere Bruder Milan, der für die jüngere Schwester Hilde vorgesehen ist,

wogegen sich diese aber verbal und nonverbal heftig wehrt. Bei fünf Töchtern muss man sich rechtzeitig um die entsprechenden Schwiegersöhne kümmern, vor allem, wenn die Älteste sichtlich ins mannbare Alter kommt. Ich wehre mich nicht gegen den Drago, ich ignoriere ihn kühl. Die Beiden zeigen ohnehin kein Interesse, weder an meiner Schwester noch an mir, sie haben wohl andere Sorgen.

„Wer jetzt kein Haus hat, baut sich keines mehr." Jahrelang war es der Traum meiner Eltern gewesen: ein eigenes Haus. Ein Haus mit Garten, in dem die vielen Wunschkinder umhertollen dürfen, wo Hunde, Katzen, Meerschweinchen, Fische, Hamster, Schildkröten und Hühner nicht verboten sind, in einer Ecke vielleicht sogar Platz für einen Esel ist. Gemüse aus eigenem Anbau! Erdbeeren, die wir ungestraft pflücken dürfen! Vielleicht sogar Marillen an der Hauswand, die nicht von der Hausherrin abgezählt wurden! Kein Besenstielklopfen von oben, wenn es unten zu laut wird!

Der Führer hatte allen Volksgenossen einen Volkswagen und ein Eigenheim versprochen. Für Familien mit acht Kindern, so ging die Sage, waren in Polen Rittergüter reserviert. Daraus wurde nichts, der Feind war stärker gewesen und das Deutsche Reich den Bach hinuntergeschwommen. Aber in der Wiederaufbauzeit des neuen

Österreich gibt es nun einen Silberstreifen am Horizont für die kinderreiche Familie. Nach dem Tod der lieben Omama kann der Vati ein Grundstück kaufen – der Quadratmeterpreis in Krumpendorf beträgt zwar das Zehnfache des Raacher Quadratmeter-Erlöses. Eine kleine Parzelle gleich in der Nähe der „Villa Mathilde", wo Ackerland zu Bauland umgewidmet wurde, geht sich aber aus. Wir sind Grundbesitzer! Aus unerfindlichen steuerlichen Gründen werden alle gemeinsam, die Eltern und die neun Kinder, ins Grundbuch eingetragen… so gehört auch mir ein Elftel von 700 m² Grund. Theoretisch.
Praktisch hingegen hat die Mutti das Sagen und nicht der Vati, der Geld und Arbeit einbringt und grundsätzlich überall seinen Kopf hinhalten muss. In der Praxis überlegt sich die praktische und völlig bedenkenlose Mutti einen Finanzierungs- und Bauplan, der so manchem kalte Schauer über den Rücken laufen lässt.
Der erste Bauabschnitt ist die Garage. So steht es im Bauplan. Die Garage ist ein etwa vier mal vier Meter großes Gebäude, das so gar nichts Garagenartiges an sich hat. Wozu brauchen wir auch eine Garage – wir haben kein Auto und werden noch lange keines haben, trotz des angesparten, vom Führer versprochenen Volkswagens, dessen Aktien nichts mehr wert sind.
Sowie die Mauern dieses winzigen Häuschens ste-

hen, zieht der Großteil der Familie aus der „Villa Mathilde“ aus und in die neue, aber eigene Enge ein, um Platz zu schaffen in der Parterrewohnung der „Villa Mathilde“, die eine Untermietwohnung ist und keinesfalls unter-unter-vermietet werden dürfte, was aber kontinuierlich geschieht. In jedes frei gewordene Zimmer zieht eine Familie ein, mit deren (illegalen) Mietbeiträgen wieder ein Stückchen Eigenheim weitergebaut werden soll. Die Hausherrin tobt, die Mutti zeigt sich unerschüttert…
Im „Erdgeschoß“ des kleinen Häuserls steht ein Tisch mit zwei langen Bänken an den Längsseiten und je zwei Stühlen an den Schmalseiten sowie Klapp- bzw. Stockbetten an den beiden Wänden. Eine herausziehbare Leiter führt durch eine Luke in die Mansarde, unter deren Giebel sich wiederum Lager (Betten zu sagen, wäre übertrieben) befinden. Sogar einen klitzekleinen Vorraum für die klitzekleine Küche mit Durchlauferhitzer, Spülstein und Doppel-Kochplatte gibt es. Da zwängt die Mutti das Gitterbett für den jüngsten Bruder rein. Etwa 8 – 10 Personen bevölkern das winzige Häuschen, zu dem später noch ein Zubau für das Klo errichtet wird. Bis dahin gehen alle Bewohner ins Gebüsch. Es ist ja schließlich unser eigener Garten…
Danach wird auf dem kleinen Grundstück ein Keller ausgehoben und aufgemauert, in den die

Mutti sofort und vor Trockenlegung einen weiteren Teil der Familie einquartiert. Meine jüngere Schwester Hilde und ich halten in der alten Mietwohnung, aus Platz- und rechtlichen Gründen, die Stellung im „Kuckuckszimmer". Vermietet sind das Kinderzimmer (an die jugoslawischen Brüder, beide Akademiker, trotz der Heiratsvermittlungsabsichten unserer Mutter zurückhaltend und „anständig"); das Schlafzimmer (alleinerziehende Mutter mit zwei Töchtern); die Küche (die dazugehörende Großmutter mit Schäferhund) und das Kabinett – den Bewohner habe ich vergessen. Die Küche müssen sämtliche Inhabitanten teilen, weil sich nur dort eine Wasser- und Feuerstelle befindet; allzulang dürfen Großmutter und Schäferhund also nicht schlafen. Das Gemeinschaftsklo liegt zum Glück außerhalb der Wohnung, „jenseits des Ganges"…

Wenn der Vati abends hundemüde vom Bau heimkommt, baut er auf dem Grundstück, das die Mutti tagsüber beackert und bepflanzt, gemeinsam mit halbwüchsigen Söhnen und der Material zureichenden Mutti weiter. Bruchziegel bezieht er günstig von seiner Arbeitsstelle. Zum Mittag- und zum Abendessen gibt es Sterz, Polenta, Türken, in allen Abwandlungen: mit Zucker, mit Zimt, mit Milch, mit Buttermilch, mit Kaffee, mit Grammeln, mit Schwammerlsoße und mit Gulasch. Letzteres nur am Sonntag. Meine Brüder wieder-

holen stereotyp und jahrelang: Unser Haus ist mit Sterz gebaut worden.
Noch wohne ich also im früheren Kuckuckszimmer, wobei „wohnen“ übertrieben ist. Die elterlichen Klappbetten sind Tag und Nacht heruntergeklappt, weil ich ohnehin nur abends zum „Wohnen“ bzw. Schlafen komme. Das wichtigste Einrichtungsstück ist das Hornyphon-Radio mit dem zitternden grünen „Magischen Auge“ und dem angeschlossenen Philips-Plattenspieler, meinem Weihnachtsgeschenk. Den Tisch, an dem ich mich für die Matura vorbereitet habe, brauchen wir nicht, weil wir „drüben“ frühstücken oder auch gar nicht. Ich muss ja bereits mit dem Obus um 6.30 Uhr in meine Versicherung fahren, die zum Glück in zwei Minuten vom Heiligengeistplatz aus erreichbar ist.
Zwei Betten, eine mit Büchern vollgestopfte Kredenz, ein Tisch, auf dem sich alles türmt, wofür es keinen Kasten und keine Ablage gibt. Die Schallplatten verstecken sich zwischen den Kleiderbergen – oder umgekehrt. Nach einem ermüdenden Bürotag hat meine Schwester „Schallplattendienst“: Ich falle ins Bett, nach Minimal-Körperpflege, sie legt eine Platte nach der anderen auf, bis ich eingeschlafen bin. Dann geht auch sie ins Bett. Nur wenn sie mit mir zerstritten ist, kommt die frühere Konstruktion dran: Stecker in die Steckdose, Spagatschnur an den Stecker, anderes

Ende der Schnur an meinen großen Zehen gebunden – beim Hinüberdämmern in den Opernschlaf ziehe ich beim ersten Herumdrehen den Stecker aus der Dose und die Musik verjault jämmerlich.
Heute haben wir Fernbedienungen, für den Fernseher, den Videorecorder, den CD-Player. Ich hatte die „Fern-Bedienung" schon damals erfunden: verständnisvolle, eingeschulte Schwester oder selbsttätige Zehen-Spagatschnur waren die Vorläufer der elektronischen Bedienung. Das ist der Unterschied zwischen „Technik" und „Technologie". Mein musikerfüllter Schlaf von damals jedoch war weicher, schöner, wenn auch unkomfortabler als der zeitgemäße Fernsehschlaf, im Schaukelstuhl, eingehüllt in eine Kuscheldecke, der schnarchende Hund, drei Fernbedienungen, Whisky- oder Weinglas sowie kalorienreiche Erdnüsse in Griffnähe.
Meine Eltern sind mit dem Hausbau beschäftigt. Ich bin mit einem neuen Lebensabschnitt beschäftigt. Wir stören einander nicht, wir bemerken einander nicht. Mich interessiert der Hausbau mit seinen Sorgen, Plagen, Finanzkrisen und körperlich-seelischen Zusammenbrüchen nicht. Die Eltern interessiert mein Abgleiten in eine ungewöhnliche, dramatische und bedrohliche Beziehung mit all ihren Krisen und körperlich-seelischen Zusammenbrüchen nicht, sie nehmen es zunächst nicht einmal wahr.

Ich setze alles daran, um mein neues Leben zu verheimlichen. Meine Eltern und Geschwister machen es mir auch zu leicht. Die Kleinen spielen zwischen Baumaterial und ausgehobenem Erdreich, die Größeren haben ihre eigenen Schulsorgen. Alle glauben mir die übertrieben vielen Überstunden.

Den unbeschwerten Sommer hat ein neblig-trüber Herbst abgelöst. Meine allerbeste Freundin setzt ihr Studium in Graz fort, meine beste Freundin studiert in Perugia, die Abi-Kurs-Kolleginnen haben einen Posten bekommen oder studieren ebenfalls, unbemerkt sind die Bindungen, aber auch die Normen der Schulzeit lockerer geworden. Da ist niemand, der mich hält, da ist keine, die mit mir moralische Grundsätze diskutiert.

Neue Gesetze, eine neue Moral bestimmen mein Leben. Ein erwachsener Mann, der viel erlebt und viel gesehen hat, beginnt mich in Besitz zu nehmen. Sarastro-Rocco gibt sich mit der kleinen Büroangestellten mit den großen Träumen ab. Warm ist es im Theatercafé, im Weinlokal, im schummrigen Espresso. Sarastro-Rocco erzählt von seiner Karriere, die an der Staatsoper Dresden begann (später werde ich herausfinden, dass es das Stadttheater Dresden war), die durch den Krieg und eine schwere Verwundung unterbrochen wurde (später werde ich erfahren, dass es nie eine Verwundung gab), die durch eine schlimme, bedrohliche Herzerkrankung noch immer gefährdet ist (er hat „Leber" durch „Herz" ersetzt). Er erzählt von seiner Schallplattensammlung und seinen Schallplattenaufnahmen. Leider hat inmitten der vielen gesammelten Jazz- und Klassikplatten nur eine Platte mit seiner eigenen Stimme den Krieg überstanden, die Registerarie aus Don Giovanni, „Schöne Donna…" Später erfahre ich, dass es eine wahrhaft einmalige Aufnahme war, nämlich seine einzige Probeaufnahme.

Sarastro-Rocco drückt mich an seinen Trenchcoat à la Humphrey Bogart, „Ich schau dir in die Augen, Kleines", und küsst mich, hart, härter als meine schönen behutsamen Knaben, härter als Otto Eisenburger und Hans v. Borsody. Er riecht männlich, nach Tabak, Austria 3 und Camel, nach Alkohol und Pitralon. Daran werde ich mich gewöhnen müssen. Ein unterer Schneidezahn fehlt, der zweite wackelt, eine Folge des Krieges, sagt er. Wenn er endlich eine höhere Gage bekäme, die ihm auf Grund seines Genies zusteht, würde er sich die Zähne richten lassen, sagt er. Dazu kommt es nie. Das Geld geht für wichtigere Dinge drauf. Inzwischen und bis dahin lächelt er mit geschlossenem Mund, zynisch, geheimnisvoll, brutal.

Er ist zwanzig Jahre älter, noch nicht vierzig, und doch so alt. Schließlich hat er viel erlebt, Dresden und den Krieg. Er ist verheiratet, nur mehr auf dem Papier, sagt er. Seine Frau ist Ausdruckstänzerin, Schülerin von Mary Wigman, aber ohne Engagement, weil auch sie alt geworden ist. Sie möchte zurück nach Dresden, ihrer Heimatstadt, deren Bombardement sie überlebt hat, weshalb sie oft Anfälle welcher Art immer bekommt und schonungsbedürftig ist. Wenn er nach den Treffen mit mir heimkommt in das kleine Zimmer im Gasthof Müller – genau, genau – er hat das Zimmer meines Cornett-Rezitators übernommen, klein, erst recht zu klein für ein Ehepaar –, dann liegt seine Frau oft bewusstlos am Boden und braucht Medizin, Zuspruch, ärztliche Betreuung. Für die Arztrechnungen geht seine Gage drauf, weshalb er nicht mehr so oft mit mir im Café sitzen kann oder in der Weinstube. Es ist aber so schön, mit ihm im Café zu sitzen oder in der Weinstube, seinen Erzählungen und Anekdoten zu lauschen. (Othello: „Sie liebte mich, weil ich Gefahr bestand. Ich liebte sie um ihres Mitleids willen.") Ich hänge an seinen Lippen, an die er ein Glas nach dem anderen führt, Rotwein hauptsächlich. Ich trinke Kaffee und nur selten Wein. Weil es so schön ist mit ihm und seinen Geschichten, weil ich so ein schlechtes Gewissen habe wegen der Ehefrau, die aber eigentlich gar keine richtige Ehefrau mehr ist, bezahle ich die Rechnung, nein, ich schiebe ihm diskret das Geld

zu, damit es der Ober nicht bemerkt oder der Schauspielerkollege und Café-Inhaber Axel Roll, bei dem sich alle diese Pärchen treffen, die noch kein Auto haben und noch keine sturmfreie Bude.
Auch wir haben kein Auto und keine sturmfreie Bude, wir haben die Kaffeehäuser und Gastwirtschaften und den Schillerpark und die Heiligengeist-Schütt und das Kreuzbergl und den Friedlstrand, der schon zu kühl geworden ist und zu feucht, und wir haben das Café Raicevic beim Schrottenturm, um den es sehr dunkel ist. Der Stadttheaterpark ist leider ziemlich überfüllt. In den düsteren Wirtshäusern sitzen wir aneinandergedrängt („geschmiegt" würde nicht mehr passen), er zeigt mir Schwarz-Weiß-Fotos von seinen Rollen in Dresden, in Linz, er zeigt mir Bilder von Ballett-Tänzerinnen, von Festen und Feiern, er zeigt mir Bilder, die nicht mehr jugendfrei sind, er freut sich über mein lustvolles Wegschauen und Hinschauen, und er warnt mich vor sich. „Ich warne dich – ich bringe jeder Frau Unglück", sagt er, und ich bin erschreckt und entzückt. „Ich vertraue keiner Frau, mich haben alle enttäuscht", sagt er, und ich werde ihn nie, nie enttäuschen. „Du bist so rein und jung", sagt er, „ich will dich nicht unglücklich machen." Ich bin so rein und jung, ich bin nicht so wie alle anderen, ich bin aber auch kein kleines Mädchen mehr, sondern

bald – o wie bald! – eine Frau. Seine Frau werde ich sein, und ich werde ihn erlösen von all seinem Unglück, ich werde an ihn glauben, obwohl alle gegen ihn sind, vor allem seine stimmlichen Kollegen, diese Intriganten.
Abendlange Gespräche über unsere Zukunft, über das, was ich mit ihm erleben werde, was er mit mir tun wird. Nächtelange Spaziergänge, bis zur letzten Straßenbahn, Heiligengeistplatz, alles einsteigen. Bist du bereit, Opfer zu bringen? Wie sehr liebst du mich? Auch wenn es weh tut? Was hältst du aus? Wann läufst du davon? Wirst du treu sein, treu bis an den Tod? Senta – Fliegender Holländer – er singt den Daland, aber er ist der Holländer, der Unerlöste, den ich erlösen werde. Ihr werdet schon sehen.
Jeden Morgen fahre ich ins Büro, in die Versicherung. Der Chef merkt nichts. Das Fräulein Zier merkt nichts. Die Eltern merken nichts. Die Geschwister merken nichts.
Zwei neue Platten kaufe ich mir von dem wenigen Geld, das mir nach Kaffeehausbesuchen, zugesteckten Scheinen für Arztbehandlung und daheim abgeliefertem Haushaltsgeld noch bleibt. Meine Schwester wundert sich, dass es für mich außer Mozart auch noch Richard Strauß gibt, eine Oper, die in Klagenfurt noch nicht aufgeführt worden ist. Arabella. Immer und immer wieder muss sie für mich diese Platten auf den

Philips-Plattenspieler legen: „Aber der Richtige, wenn's einen gibt für mich auf dieser Welt…" Es gibt einen, es gibt ihn, bei allem Zweifel, bei aller Angst, er hat es selbst gesagt, dass er der Richtige ist für mich. Alle anderen muss ich vergessen, nein, es hat keine anderen gegeben. „Und du wirst mein Gebieter sein, und ich dir untertan. … Dein Haus wird mein Haus sein, wo du begraben bist, will auch ich begraben sein – so gebe ich mich hin, allzeit und ewig dein…"

Ich sitze in der Falle. Ich komme nicht mehr heraus, ich komme nicht mehr los. Ich bin abhängig geworden, habe ihm versprochen, zu ihm zu halten, was immer geschieht.

Das Weihnachtsfest feiert die Familie zum ersten Mal nicht im Kuckuckszimmer der „Villa Mathilde", sondern im eigenen Haus. Es tut nichts zur Sache, dass es noch nicht das richtige Eigenheim ist, sondern immer noch die zweckentfremdete Garage, das kleine Häuserl, in dessen einzigem Wohnraum das Klappbett weggeklappt werden muss, damit überhaupt ein Weihnachtsbaum Platz findet. Schulter an Schulter sitzen wir auf den Bänken, benützen das Essbesteck aus Platzgründen im Gleichtakt. Weihnachtsfrieden ist eingekehrt, die Geschenke sind gegenüber dem Vorjahr sparsamer geworden, aber es ist warm und gemütlich und sorglos. Mein Rocco ist zu seiner Mutter nach Steyr gefahren, in die Riesenvilla,

die ihr nur mehr zu einem Bruchteil gehört, um sich und seine Frau auffüttern und finanziell unterstützen zu lassen. Irgendwie fühle ich mich befreit und sicher.
Im Frühjahr wird an dem „richtigen" Haus weitergebaut, weshalb nun auch in unser letztes Zimmer, ins Kuckuckszimmer, zahlende Unter-Untermieter einziehen. Für meine Schwester und mich heißt das, die vertraute Umgebung zu verlassen, die Platten bis auf weiteres zu verpacken und mit unseren Habseligkeiten, die großteils ebenfalls in Kartons aufbewahrt werden, in das bis zum Platzen überbelegte kleine Häuschen zu ziehen. Als Älteste bin ich wieder einmal privilegiert und erhalte ein Bett an der Schmalseite zugewiesen, an dessen Kopfende sich sogar eine Ablage und eine Kleiderstange befindet, so dass ich meine hübschen Bürokleider aufhängen kann. Die übrigen Geschwister stopfen ihr Zeug in Schachteln, die unter die schmalen Betten geschoben werden müssen, weil sonst jeder drüberfallen würde.

„Wer jetzt kein Haus hat, baut sich keines mehr…" Es fällt mir immer schwerer, mich an diese Zeit zu erinnern, in der meine Eltern mit ihren schwachen finanziellen und körperlichen Ressourcen versucht haben, ein Haus für sich und vor allem für ihre Kinder zu bauen. Das Chaos ist undurchdringlich: Wer schläft wann wo? Kinder, illegale Untermieter, amerikanische Austauschstudentinnen, Helfer beim Bau, plötzlich auftauchende Verwandte („Ihr habt ja ein Grundstück in der Nähe des Wörthersees“) müssen untergebracht werden. Wo wird heute gegessen? Bei schönem Wetter ist das kein Problem, Tisch und Bänke stehen im Garten, der selten wechselnde Eintopf oder die Polenta brodelt auf einem freistehenden Bullerofen, nahrhaften Kartoffelsalat mit Extrawurststückchen darf jeder gleich aus der Emailwaschschüssel auf den Teller häufen. Wann und wo kann der Haufen an Schmutzwäsche, der durch den Hausbau tagtäglich wächst, gekocht, geschwemmt, getrocknet werden? Wir haben keine Waschküche und schon gar keine Waschmaschine – unsere beiden amerikanischen Austauschstudentinnen, die bei uns „experience in international living“ absolvieren, wundern sich schon gar nicht mehr über die Austrian aborigines, die österreichischen Ureinwohner. Sie halten den auf eben diesem Bullerofen blubbernden Zinkkessel für eine Art stromlose Waschmaschine.

In den Erinnerungen aus dieser Zeit fehlt jede Kontinuität, fehlen Szenen und Ereignisse, ich lebe mehrere Leben nebeneinander, spiele verschiedene Rollen. Ich bin die noch nicht erwachsene Tochter, die in ihrer knappen Freizeit daheim helfen und die überarbeitete Mutti entlasten soll. Ich bin die große Schwester, die mit den kleineren Geschwistern, die alle irgendwann Schulprobleme haben, lernen sollte. Ich bin die perfekt gekleidete, fleißige Sekretärin, die als erste in ihr Büro kommt und erst lang nach Dienstschluss das dunkelgetäfelte Sekretariat mit der wunderschönen Stuckdecke verlässt. Ich bin die versteckt gehaltene Freundin eines verheirateten Mannes. Mit wem sollte ich über meine Probleme sprechen? Die Rollen passen nicht zusammen. Ich bin jung und lebenslustig und überlastet und würde doch so gern fröhlich und unbeschwert sein.

Unsere Beziehung wird immer enger, seine Macht über mich immer größer, und zugleich wächst meine bittersüße Abhängigkeit. Er weiß, dass sein Engagement nicht verlängert wird. In die Kritiken schleichen sich allmählich warnende Töne ein. Die Rollen werden kleiner. Dem Großinquisitor in „Don Carlos" folgen der Schaunard, der Collin in „La Bohème", ein Soldat in „Salome" – „Die Juden – sie sind immer so, sie streiten über ihre Religion…", kaum der Rede wert und in den Besprechungen auch nicht mehr erwähnt. Dann nur mehr vereinzelte Sprechrollen mit wenigen Sätzen, selbst diese schwer verständlich, weil es noch immer keinen Zahnarztbesuch gab. Es geht bergab mit der Stimme, mit der Disziplin, mit der Gage. Mein Monatslohn ist schon in den ersten Tagen nach der Auszahlung verbraucht.

Er hat kein Engagement in Aussicht. Doch es wird alles anders werden. Bald kommt die Zeit, da wir uns nicht mehr verstecken, nicht mehr in dunklen Parks und verschwiegenen Rondells treffen müssen, uns offen zu unserer Liebe oder was immer das ist, bekennen dürfen. Seine Frau kehrt nach Ostdeutschland zurück, nach Dresden, die Scheidung ist nur eine Frage der Zeit. Nach Steyr, zu seiner Mama, will er nicht. Steyr ist noch ärger Provinz als Klagenfurt. Nach Wien wird er ziehen, zu seiner altjüngferlichen Tante in Purkersdorf, die ihm Kost und Quartier geben wird. Er wird an sich und seiner Stimme arbeiten, dort in Wien, wo es mehr Chancen gibt als hier in der Provinz (und weniger Neider), wird wieder Gesangsstunden nehmen, bei einem richtigen Gesangslehrer, deren es in Wien mehr gibt als hier in der Provinz, zum Zahnarzt gehen, weil die Zahnärzte in Wien besser sind als hier in der Provinz, und dann wird er Karriere machen und wir werden heiraten. Um die Einwilligung meiner Eltern, ich werde erst mit 21 volljährig, habe ich mich zu kümmern. Noch kennen sie ihn, meinen „Zukünftigen", nicht persönlich, wenn sie auch allerhand zugetragen bekommen. Der Altersunterschied, (er ist doppelt so alt wie ich und nur drei Jahre jünger als meine Mutter), ist nur für diejenigen ein Problem, die uns unsere ganz besondere Beziehung nicht gönnen. All das Geld, das ich ihm schicken werde, um Gesangsstunden und Zahnarzt zu bezahlen, ist also nur ein Vorschuss auf unser künftiges gemeinsames Familieneinkommen. Er muss sich nicht schämen, dass er sich aushalten lässt, ich muss mich nicht schämen, dass ich ihn aushalte. Unsere Liebe ist erhaben über dumme Nachreden, Neid und Missgunst.

Ich tue alles, was er mir vorschlägt und befiehlt. Der Abschied ist schlimm und erleichtert mich. Natürlich werde ich ihm treu bleiben und keinen anderen ansehen, nichts denken, was er mir nicht zu denken erlaubt hat, nichts tun, wozu er mir nicht seine briefliche Einwilligung gibt, nicht ausgehen, vor allem nicht ins Theater gehen, wo nun endgültig völlig unfähige Sänger seine Nachfolge antreten, die von irgendwem protegiert werden und eigentlich Angst vor ihm haben.

Wiederum stürze ich mich in die Arbeit, mache nebenbei einen Stenotypiekurs mit abschließender, ausgezeichnet bestandener Prüfung. Aufstiegschancen habe ich keine, ich bin schon „oben", als Chefsekretärin, verdiene auf dem Papier recht gut. Arbeitsplätze sind rar, selbst für Maturantinnen. Mein Chef freut sich über meinen Ehrgeiz, meinen Fleiß, meine Firmentreue. Er bringt mir täglich eine dick belegte Schinkensemmel mit – am Freitag allerdings gibt es fetten Aal mit Zwiebel. Freitag ist Fasttag.

Mein Chef hat viele Beziehungen. Auf Grund einer dieser Beziehungen verschafft er – der Halbjude, wie er selbst immer betont – meinem Vater, dem entnazifizierten minderbelasteten ehemaligen Ortsgruppenführer, eine Stelle an der Handelsakademie. Er ist einer der Letzten, die (wieder) in den Schuldienst kommen, und er ist inzwischen schon fast zu alt für einen „Junglehrer". Zwölf Jahre sind vergangen, seit er in der Höheren Technischen Lehranstalt unterrichtet hatte – nun muss er neue Gegenstände übernehmen, Prüfungen ablegen, „auf seine alten Tag'", wie er betont. Die Arbeit hat unser Vater aber nie gescheut, weder geistige noch körperliche – und er stürzt sich auf diese Aufgaben. Die Kollegen mögen ihn, die Schüler lieben ihn. Noch ist unser Haus nicht fertig. Die neuen Kollegen, die ersten Schüler helfen dem beliebten Herrn Professor beim Hausbau.
Ich fahre nach Dienstschluss umgehend heim, wie mir befohlen ist. Dort warten Briefe auf mich, lange, innige, besitzergreifende Briefe in verschnörkelter und hastiger Schrift, mit Anspielungen, Forderungen, verschlüsselten Drohungen. Das Leben ist kostspielig in Wien, die Tante bissig, die Mama hat kein Geld geschickt, die Scheidung zieht sich hin und wird teuer. Es gibt beruflich keine Aussicht – es gibt großartige Aussichten – himmelhochjauchzend – zu Tode betrübt – sein Leben ist verpfuscht – am besten wäre es ohnehin,

Schluss zu machen – dies wird der letzte Brief sein, denn es hat keinen Sinn mit uns – ich bin seine einzige Stütze.
Die Briefe sollen unsere Treffen ersetzen, sie machen mir Angst – Angst vor dem Öffnen, vor dem Inhalt. Ich warte dennoch voller Herzklopfen auf jedes Schreiben. Zuckerbrot oder Peitsche? Sehnsucht oder Gewalt? Ich bin abhängiger als je, es gibt kein Zurück, es gibt kein Entkommen. Verlobungen können gelöst werden, diese Verbindung nicht. Was man versprochen hat, muss man halten. Du hast einen Eid geschworen. Du darfst nicht wortbrüchig werden. Getreu bis in den Tod…
Über jeden meiner Schritte muss ich Bericht erstatten, um danach gelobt oder verbal bestraft zu werden. Wie gern würde ich einmal wieder tanzen gehen, zu einem der harmlosen Frühlingsfeste, zu einer Veranstaltung der Österreichisch-Amerikanischen Gesellschaft, ins Tanzcafé Lerch, wo Udo Bolan und seine Mannen spielen. Verboten. Du willst wohl andere Männer kennenlernen? Du gehörst mir, niemandem sonst. Ich bin dein Herr, dein Gebieter.
Ich lese viel, ich höre Radio, ich liebe die neuen österreichischen Kabarettisten, Bronner, Merz, Qualtinger, Wehle, Sklenka, Louise Martini. Gegen Kabarett daheim hat er nichts. Ins Kino darf ich gehen, mit meinen Schwestern, das ist ungefähr-

lich. Audrey Hepburn rührt uns zu Tränen, Hannerl Matz, Hildegard Knef, Jean Simmons, Vivien Leigh, Maria Schell, Ava Gardner. Ich wage nicht, männliche Schauspieler gut oder schön zu finden wie ehedem oder gar von ihnen zu träumen.
Die Staatsvertragsverhandlungen gehen in ihr letztes Stadium, im Mai wird der Staatsvertrag unterzeichnet, der Bundeskanzler jubelt von jenem berühmten Balkon: „Österreich ist frrrrei!!"
Österreich ist frei. Ich bin es nicht.
Dann geht alles recht schnell. Seine Mama hat für ihn eine Stelle gefunden, kein Engagement, nur eine Bürostelle in der großen Fabrik in Steyr, die einst sein Großvater mit begründet hat, in der auch sein Vater Zeit seines Lebens als angesehener Betriebsleiter tätig war. Der Sohn hätte etwas Besseres werden sollen. Opernsänger ist etwas Besseres. Nun wird der große Sohn ein kleiner Angestellter, doch das ist bestimmt nur ein Übergang. Die Scheidung ist vollzogen, bald wird er mich an seine Seite holen, ich werde seine kleine Frau, wie besprochen, und auch für mich wird sich eine Arbeitsstelle finden in der Stadt seiner Väter.
Ich fahre nach Steyr und werde seiner Mama vorgestellt, in der riesigen alten Villa, in der ich nach unserer Hochzeit und nach meiner Kündigung wohnen soll. Die Prüfung dürfte ich bestanden haben. Es wird alles gut werden.

Noch am Vorabend der Hochzeit geht der Vati, der mir seine Einwilligung nicht versagen konnte, im Garten auf und ab, auf und ab, die Hände auf dem Rücken verschränkt, gebeugt und voller Sorgen. Er sagt aber nichts, spricht kaum mit mir. Die Mutti hat schon mit mir gesprochen, ob ich mir wirklich alles gut überlegt habe, sein Alter, seine Abhängigkeit von Nikotin und Alkohol. Forsch antworte ich, dass alles in Ordnung ist, nein, wunderbar und großartig. Ich werde es schon schaffen, ihn zu bekehren. Er wird jetzt nicht mehr trinken müssen, weil wir unser Leben gemeinsam meistern werden. Und außerdem – ich will lieber fünf Jahre ganz, ganz furchtbar glücklich sein als so lau und fad dahinleben wie „normale" Ehepaare, die nicht um ihr Glück kämpfen mussten, denen die Eltern ein fertiges Nest bauen.
Fünf Jahre ganz, ganz furchtbar glücklich sein und ein aufregendes Leben haben, das wollte ich. Mindestens. Das war doch nicht zu viel verlangt vom Schicksal, von der Vorsehung, von meinem Lieben Gott. Als erste meiner Klasse hatte ich mein Ziel erreicht – früher als all die Schönen, die Gutgekleideten, die Reichen, die immer vor mir aufgefordert worden waren im Tanzkurs, bei den Kränzchen, den Bällen, die ihre Mitgift – Bettwäsche, Geschirr und Besteck – schon längst gehortet hatten. Fünf Jahre sind eine unendlich lange Zeit.

Die Prophetie meiner naiven Aussage ist mir erst später bewusst geworden, nach diesen fünf aufregenden Jahren, von denen ich allerdings kaum zwei Monate glücklich gewesen bin.

9. Kapitel

Wer jetzt allein ist,
wird es lange bleiben

Die Träume, Raffaela. Wieder sind es die Träume, die uns den Schlüssel bringen. Und es sind nicht nur böse Geister, böse Tiere, die Wölfe, vor denen du Angst gehabt hast, die unsere Träume besuchen und uns etwas sagen wollen. Hast du noch immer Angst? Spürst du gemeinsam mit deiner Mama, mit meiner Tochter, deinen Träumen nach, erzählst du sie, besprichst du sie, worauf sie dann viel begreifbarer werden, weniger bedrückend? Du, Florentina, du willst beim morgendlichen Abschied der Mama noch ganz schnell deinen Traum erzählen, so wie deine größere Schwester, bis dir enttäuscht einfällt, dass du gar nichts geträumt hast.
Ich träume. Täglich. Nächtlich. Manchmal kann ich die Träume steuern, manchmal bin ich ihnen hilflos ausgeliefert. Dennoch weiche ich ihnen nicht aus. Es sind nicht nur Tote, die in den Träumen wiederkommen. (Salome, Herodes: „Wie, er erweckt die Toten?" – „Jawohl, er erweckt die Toten." „Es wäre schrecklich, wenn die Toten wiederkämen…") So schrecklich finde ich es gar nicht. Es sind nicht nur die geliebten Tiere, die

wiederkommen und ganz lebendig, weich und warm sind, von denen ich trotzdem weiß, dass sie ein schlimmes Geheimnis tragen unter ihrem Pelz – Friedhof der Kuscheltiere… Bisweilen gehen auch Lebende durch die Zimmer des Traumhauses, der Vati zum Beispiel, der schon seit acht Jahren keinen Schritt mehr gehen kann – in seinem Kärntneranzug bewegt er sich schnell, ein bisschen vorgebeugt, ein bisschen schlurfend, zwischen den Möbeln, und ich bin böse auf ihn, dass er sich all die Jahre nach seinem Schlaganfall so verstellt hat, uns zum Narren gehalten hat, und bin zugleich froh, ihn noch einmal so zu erleben, wie er gewesen ist. Mit meinen verstorbenen Lehrerkollegen führe ich Gasthausgespräche, meine alten Professoren und Professorinnen wollen mich prüfen, fragen mich Vokabel ab, ich suche nach Ausreden, weil ich nicht mehr so toll antworten kann wie damals. Ich fahre im Sommerwagen der Straßenbahn, ich warte am Heiligengeistplatz auf jemanden, der nie kommen wird, ich laufe auf den Straßenbahnschienen einer Tramway nach. Und oft weiß ich im Traum, dass es bloß ein Traum ist, dass ich jederzeit „Ende" sagen kann und dann der Vorhang fällt. Es steht in meiner Macht, den Traum fortzusetzen, einen anderen Traum zu träumen oder aber langsam in das Aufwachen zu gleiten.

Nur wenn ER in meine Träume kommt, mein

Mann, dann bin ich machtlos. Wir haben uns nicht verabschiedet, damals. Es gab keine Aussprache, keine letzte, allerletzte Aussprache. Es gab nur meine Flucht und seine letzte Handlung.
Am 13. August 1955 heiraten wir. Mein Hochzeitskostüm ist grau, schmal geschnitten, die rotschimmernden Metallisé-Schuhe, 13 cm Absätze, können den Unterschied zu meinem großen Mann („ein Meter 88", betont er stolz) durchaus nicht ausgleichen. Mein Chef ist Trauzeuge, chauffiert uns mit seinem neuen, schwarzen, von den Geschwistern bestaunten Austin mit elitär-niedrigem Kennzeichen zum Standesamt. Er schenkt uns ein kobaltblaues unpraktisches Set, Aschenbecher, Vase, Kerzenleuchter, goldgerändert. Der Onkel Karl lehnt es ab, Trauzeuge zu sein, dafür schenkt er mir praktischerweise mein erstes Speiseservice, von dem ich noch heute die Sauciere besitze, weil Saucieren immer übrigbleiben.
Glücklich schmiege ich mich an meinen Mann. Auch die Familie lächelt glücklich. Wer heiratet, hat glücklich zu sein. Ich trage einen goldenen Ring, seinen Ring, mit eingraviertem Datum: 13. August 1955. Ich erinnere mich weder an die Zeremonie im Gemeindeamt noch an den Standesbeamten noch an seine Rede, nur an die Unterschrift: Helga DUFFEK. Lang genug habe ich meinen neuen Namen geübt.

Für die Hochzeitsnacht, für die offizielle Hochzeitsnacht (sie ist bei meinem Schwiegermama-Besuch in Steyr schon vorweggenommen worden, als sie uns taktvoll allein ließ und ein Konzert besuchte) habe ich mir extra ein Marilyn-Monroe-Nachthemd aus unschuldig weißem fließendem Nylon gekauft, spitzenbesetzt, busenbetont, durchsichtig. Meine Mädchenbücher habe ich nicht vergessen. Wir zelebrieren das Ritual mit Opernmusik im Kuckuckszimmer unserer alten Wohnung, das uns die illegalen Untermieter für diese eine Nacht zur Verfügung stellen – sie rücken mit den anderen illegalen Untermietern im ehemaligen Kinderzimmer zusammen und hören natürlich jeden Ton (wobei sie sich lediglich über die Opernmusik wundern).
Am Montag danach muss mein Mann – mein Mann!!! – wieder an seinen Arbeitsplatz. Zwei Wochen später folgt seine kleine Braut ihm nach, in ihr neues Heim, in das riesige alte Haus, das niemals ihr Haus werden würde. In diesen zwei Wochen trage ich stolz meinen glänzenden Ehering und meinen neuen Namen zur Schau: Ich bin Frau und nicht mehr Fräulein!
Zwei Wochen bleibt Zeit, um Abschied zu nehmen: von der Kindheit, von der Jugend, von meiner Familie, von meinen Briefen und Tagebüchern, die ich verbrenne – wie ich nur wenige Jahre später andere Bücher, Briefe, Tagebücher,

Fotoalben, die Sammlung seiner Pin-ups (heute würde man sagen, pornografischen Bilder) verbrennen werde. Ich nehme Abschied von meinen kleinen Geschwistern und von den größeren, Abschied von Moritz, dem Rauhaardackel, der immer das beste Huhn der Stich Anni gejagt hatte, Abschied vom schwarz-weißen Kater, dem ich meine Sorgen erzählen konnte, wenn er sich abends nach langer Tagesjagd am Fußende meines Bettes, meines unbequemen, schmalen Lagers bequem und gemütlich schnurrend einrollte. Auch von meinen Eltern nehme ich Abschied, denen ich beweisen will, welch gute Ehe ich führen werde.

Die ersten Wochen in Steyr, in dem großen grauen Haus, sind aufregend und neu. Das Haus in der Leopold-Werndl-Straße steht neben einem großen Gasthof, der Schwechater Brauerei, sehr praktisch. Meine Schwiegermutter empfängt mich freundlich und weist mich in das Wichtigste ein. Nur mehr ein Achtel der herrschaftlichen Villa ist in ihrem Besitz – ein Achtel sind in diesem Fall gerade zwei Räume. Den Rest, sieben Achtel, hat ein Fabrikant Anteil für Anteil gekauft, ein Besteck-Erzeuger, dem dieses Haus aber auch kein Glück gebracht hat. Der beheizbarere Raum (schon wieder ein Kachelofen!) ist „Mamas Zimmer", mit altdeutschen Möbeln, wackeligen uralten Polstersesseln, grünem Bettüberwurf

und Teppichen eingerichtet, die auch schon bessere Tage gesehen haben. An den Wänden hängen Bilder in üppigen goldenen Gipsrahmen, Stilleben, Ahnenbilder, Reiterszenen, Bilder mit Löchern – die Russen haben auf sie geschossen, die Russen, die in Steyr die Besatzungsmacht stellten und auch in dieser herrschaftlichen Villa einquartiert waren.
In einem unüberschaubar großen Raum soll das junge Glück wohnen. Der Raum ist zugleich Schlafzimmer (imposante altdeutsche Ehebetten mit mindestens einem Jahrhundert alten Plumeau und ebenso altem grünem Bettüberwurf), Wohnzimmer (grüner Tischüberwurf), Waschraum (beileibe kein Wasseranschluss, nur ein Waschtisch mit Waschgarnitur, wie bei der Omama in Raach) und Küche. Der große Herd, der – wie daheim in der Villa Mathilde – mit Papier, Spänen und Kohle geheizt werden muss, ist zugleich die einzige Wärmequelle und wird, wie sich herausstellt, im Winter den Raum kaum über den Gefrierpunkt aufheizen.
Aber im Winter fährt die Mama ohnehin zur Weber Annerl nach Kapfenberg, da dürfen wir in ihr Zimmer ziehen. Breit genug ist das Bett für ein junges Paar. Sie fährt zu ihrer Freundin Weber Annerl, um ihr den Haushalt zu führen und die Rente zu sparen, die sie zum größten Teil dann ihrem Sohn schickt. Meinem Mann. Mit Begleit-

texten über ihre Schlaflosigkeit, ihre Anspruchslosigkeit („Zu Mittag ess' ich einen Kaffee und ein Semmerl…") und den Mahnungen, das Geld nicht gleich zu vertrinken.
Unsere Wohnung befindet sich im Erdgeschoß – von der Straße aus gesehen. Um zur Wasserquelle zu kommen, muss ich drei Geschoße hinuntersteigen, weil das Haus an einem Hang erbaut wurde. Im Unter-Untergeschoß gab es eine Wohnung für den Hauswart, der in früheren Zeiten die Aufgabe hatte, Wasser und Heizmaterial in die herrschaftlichen Gemächer zu befördern. Auch jetzt wohnt der Hausmeister, der Herr Koschat, drin (wie sein Name sagt, ist er ein Kärntner; trotz seiner saugroben Art bekomme ich Heimatweh, wenn er im kärntnerischen Dialekt schimpft). Er „gehört" aber dem eigentlichen Hausherrn, dem Sieben-Achtel-Besitzer und Messerfabrikanten. Für die abgehauste Familie meiner Schwiegermutter rührt er keinen Finger.
Die Aufgaben des Hausmeisters aus besseren Tagen habe nunmehr ich als Schwiegertochter zu übernehmen: Wasser tragen, mehrmals täglich, Späne holen, um sie auf dem taubenverschissenen Balkon mit der Axt zu zerkleinern, Kohlen und Briketts herauftragen. Ich bin arbeitslos gemeldet und habe viel Zeit, bis mein Mann von seiner Arbeit in den Steyr-Werken heimkommt; entweder hell begeistert, weil er viel besser ist als all

die anderen und das auch vom Vorgesetzten bemerkt wurde – dann musste dieser Erfolg begossen werden. Oder aber bedrückt-wütend, weil er zwar viel besser ist als all die anderen, aber für deren Fehler bekrittelt wurde – dann musste diese Niederlage ebenfalls begossen werden. Ohne Alkoholfahne kommt er selten heim. Es ist auf jeden Fall besser für mich, wenn ich darüber hinwegschaue, vielmehr: hinwegrieche, beim Begrüßungskuss. Sonst gibts Ärger.

Die Mama, meine Schwiegermutter, schaut und riecht ebenfalls über die Alkoholfahne ihres verwöhnten Peperl hinweg, sie hat das in vielen Jahren und durch viele böse Szenen gelernt. Sie versucht mir das Kochen beizubringen. Ich habe nie kochen gelernt, meine Mutti konnte nicht zuschauen, wie ich mit der linken Hand umrühre. Es war einigermaßen riskant, mich an den Herd zu lassen, ich hätte die Mahlzeit für eine kinderreiche Familie verderben können.

Eigentlich will mir auch die Mama das Kochen gar nicht beibringen, sie will eher zeigen, was sie selber kann. Wenn sie dann für mehrere Monate zu ihrer Freundin, der Weber Annerl in Kapfenberg, fährt, lässt sie mich in aller Unkenntnis zurück und freut sich vermutlich darüber. Sie gibt also ihre Informationen nur stückweise von sich. Das hat Konsequenzen. Niemand hat mir gesagt, dass ich das Spinatwasser – wirklich, ich koche den Blattspinat im Wasser, Tiefkühlspinat gab es noch nicht –, dass ich das Spinatwasser nicht wegschütten darf, sondern zum Aufgießen der Einbrenn verwenden kann/soll/muss. Ich schütte das Wasser weg, mache eine Einbrenn, kippe den ausgedrückten gehackten Blattspinat in die Einbrenn und wundere mich über den entstehenden teigigen Gatsch. Hat die Mutti das nicht auch so gemacht? Die Schwiegermutter seufzt und schickt mich einkaufen, zum Fleischhacker auf dem Grünmarkt: Ein halbes Kilo Lungenspitzbraten, memoriere ich. Natürlich heißt es „Lungenbratenspitz". Der Fleischhacker berichtet meinen Faux pas grinsend der Schwiegermutter. So ein dummes junges Ding hat der Herr Sohn geheiratet. Ob das gut geht.

Unsere Räume, die verbliebenen beiden, liegen rechts von dem unübersehbaren Vorraum, in dem auf einem Hausaltar immer ein Ewiges Licht leuchtet. Links liegt die Toilette. Wieder „jenseits des Ganges", wie in der Villa Mathilde, nur sind die zu überwindenden Dimensionen unvergleichbar. Die Toilette ist ein etwa vier Meter langer schmaler Schlurf, an dessen oberem Ende sich der erhöhte Thron befindet. Auch dieses Klo ist eiskalt, weil ungeheizt, kann aber mit dem Klo in der Villa Mathilde nicht verglichen werden. Es grenzt nämlich in seiner ganzen Länge an die Einliegerwohnung der Baronin und Generals-

witwe Rosa Stummer v. Traunfels. Die Generalin ist etwa achtzig Jahre alt, vielleicht auch älter. Die Generalin gibt Gesangsstunden. Sie ist, grundsätzlich oder aber auf Grund ihres Alters, taub. Das hat für sie den großen Vorteil, dass sie nicht hört, was die Steyrer Bürgersfrauen und –töchter von sich geben. Für alle anderen hat es den Nachteil, dass das, was ihre Schülerinnen von sich geben, absolut falsch und grauenhaft klingt. Die Damen (Schülerinnen) bevorzugen Mozart. Meinen Mozart! Sie bevorzugen die Gartenarie der Susanne aus Figaro, g-moll, sie bevorzugen die g-moll-Arie der Pamina (Ach, ich fühl's, es ist entschwunden…) aus der Zauberflöte.

Ich lerne die Schülerinnen nie kennen, lerne sie aber zu hassen. Andererseits verkürzen sie bzw. ihre quälenden Töne meinen Klo-Aufenthalt.

Links liegt also das Klo, rechts unsere Wohnung, hinter einem Altaraufbau mit rotleuchtendem „Ewigen Licht" die Wohnung des Messerfabrikanten mit seiner ebenfalls frisch angetrauten Frau. Ihr Schlafzimmer und unser Schlafzimmer liegen nebeneinander, die nächtlichen Geräusche sind den unseren ziemlich ähnlich. Die Ehemänner zwinkern einander am nächsten Morgen verschwörerisch-potent zu, wir Ehefrauen gehen einander errötend aus dem Weg. Der Vorraum mit den Ausmaßen einer Halle, einer Aula mit Apsis,

dieser ungenützte, kalte, abweisende Raum bietet dazu genug Platz.
Die ersten Wochen vergehen wie im Traum, aus dem allzubald ein Alptraum wird. So vieles ist neu für mich, nicht nur das Kochen. Die alte Gewerkenstadt und die hügelige, seenlose Landschaft zeigen sich neu und abweisend. Ich habe Sehnsucht nach dem Wörthersee und den Karawanken, eine Sehnsucht, die ich niemandem mitteilen kann, am wenigsten meiner neuen Familie, die immer wieder ihren Wohnsitz gewechselt hat.
Wir haben keine Bekannten, keine Freunde. Der Freundeskreis der Schwiegermutter ist uralt oder verstorben, mein Mann hatte kaum in dieser Stadt gelebt und sich wohl auch abgekapselt. Er braucht niemanden, er hat ja mich, der er alles erzählen kann über sein aufregendes Künstlerleben, über seine vergangenen (und vielleicht auch zukünftigen) Erfolge, über die spannenden Jahre vor dem Krieg in Stuttgart und in Berlin, über Stars und Sternchen und Ballettmädchen, die ihn angebetet haben. Er ist noch lang nicht fertig mit dem Erzählen. Und da ist ja noch seine Schallplattensammlung, vier riesige Holzkisten voll, Klassik, aber auch Zarah Leander, Hans Albers, Rosita Serrano, Evelyn Künnecke…, und viele, viele Jazzplatten, aus der Zeit, als er in amerikanischen Bars als Pianist die Nächte durchspielte. Er

spielt auch unsere Flitterwochen-Nächte durch, Schallplatten oder Klavier. In „unserem" Allzweckzimmer ist nämlich ein gemieteter Flügel untergebracht, auf dem mein Mann an den Wochenenden oder abends präludiert und jazzt, während Mama und Ehefrau entzückt zu lauschen haben. Diese Geräusche stören die Mama nicht.

Der Pegel der Weinflasche, die in Griffweite auf dem Klavier steht, sinkt ständig.

Zunächst habe ich gar kein Bedürfnis nach anderen Menschen. Ich bin Ehefrau, junge Braut, erfahre meine Initiationsriten, werde eingeschult in das Liebes- und Eheleben unter beengten Wohnverhältnissen. Die Mama ist noch da, sie pflegt lang aufzubleiben und kann nachts nicht durchschlafen, wir müssen warten, bis sie eingeschlafen ist und auch dann leise sein. Das ist mir recht. So richtig freue ich mich gar nicht auf das Wegfahren der Schwiegermama, ich ahne, was auf mich zukommen wird, wenn wir an den Samstagabenden ganz viel Zeit haben werden für das Liebesleben, wenn ich – zum Aufwärmen gewissermaßen – elendslang verführerisch in Pin-up-Pose vor seiner Schwarz-Weiß-Kamera posieren muss. Die entwickelten Filme holt er selbst im Fotogeschäft ab, ich geniere mich zu sehr.

Nie spreche ihn mit seinem Namen an, sein Vorname gibt nicht viel her, er heißt Josef – die Mama sagt Peperl, was er nicht mag, die Patentante in Deutschland „Jos", was eigentümlich klingt, an „Sepp" gewöhne ich mich nie. Auch ich habe meinen Vornamen verloren, er sagt „Stupsi" zu mir oder „Kleines". Bei unseren nächtlichen Spielen ist er „mein Herr und Gebieter", bin ich „seine Sklavin". „Und du wirst mein Gebieter sein und ich dir untertan..."

Ich schreibe begeisterte Briefe nach daheim, die so schrecklich verlogen klingen. Das fällt mir erst Jahre danach auf. Am Samstag gehen wir manchmal ins Kino, allein oder mit der Schwiegermama, in Nachtvorstellungen, zumeist Eddie Constantine, und danach in den Schwechater Bräu oder in ein altes Kaffeehaus am Hauptplatz, in dem wunderschön geschminkte Damen sitzen und auf Kundschaft warten. In Steyr gibt es nämlich zwei Bordelle, mit jeweils roter Laterne – eines für die Arbeiter, eines für die Angestellten. Auch die benachbarten Badeanstalten (einmal wöchentlich bade ich und hole mir auf den Lattenrosten einen deftigen Fußpilz) und die Gastwirtschaften sind streng getrennt, für Arbeiter und für Angestellte der Steyr-Werke.

Am Sonntag-Vormittag ist Frühschoppen angesagt, wieder im Schwechater Bräu. Zu Mittag heißt es pünktlich sein, weil die Mama gekocht hat und uns auffüttert – mich, weil ich ja so dünn bin (ich wiege 47 Kilo, aber nicht mehr lang), ihn, weil er es so gewöhnt ist und „sein" Sonntagsessen bestellt hat: Rindsuppe mit selbstgemachten Frittaten, eine Riesenschüssel Wiener Schnitzel, vom Kalb natürlich, für „ihn" gebackenes Bries und gebackenes Hirn, vor dem mir graut, dazu Kartoffelsalat mit selbstgerührter fetter Mayonnaise. (In kürzester Zeit lege ich mir fünf Kilo an Gewicht zu und auf längere Sicht eine Gallenblasenentzündung.) Als Nachspeise gibt es den kalorienreichen „Mohr im Hemd", eine Art Nusspudding, im Wasserbad zubereitet, mit ganz viel Schlagobers. Das Rezept nimmt die Mama Jahre später mit in ihr Grab – in ihr Grab auf dem Friedhof in Pirk, wo sie neben ihrem Sohn liegt. „Josef Duffek – Opernsänger, 1915 – 1961", „Josefine Duffek geb. Bobinac, 1889 – 1975".

Soll ich mich auch, wenn es soweit ist, in Pirk begraben lassen, unter dem protzigen schwarzen Grabstein, der mir jetzt schon den Atem nimmt, neben „Josef Duffek – Opernsänger, 1915 – 1961" und „Josefine Duffek geb. Bobinac, 1889 – 1975", neben den beiden Menschen, die einige Jahre lang die wichtigsten, zumindest die bestimmendsten Menschen für mich waren und dennoch sehr wenig mit mir gemeinsam hatten, die mir immer fremd geblieben sind? Auf dem großen Friedhof in Klagenfurt-Annabichl gibt es wohl auch ein Fa-

miliengrab – was tu ich bloß in Annabichl, wer wird mich dort besuchen?
Krumpendorf ist meine Heimat geblieben, und so werde ich wohl auch in Pirk meine letzte Heimat finden, inmitten meiner Volksschullehrer und –lehrerinnen, meiner Mitschüler und Mitschülerinnen, einiger Kollegen und Schüler, bekannte, vertraute Namen: Elly Rauter, „die Fräuln Rauter", zweite Klasse Volksschule, elegant, schlank, würdevoll; unser verehrter, vom ganzen Dorf betrauerter, völlig unerwartet verstorbener Hausarzt; der gute Pfarrer Lappe, um dessen Tod sich pikante Gerüchte rankten; das Kindergrab eines kaum Einjährigen; der blonde, fleißige Nachbarsbub, bester Schüler seiner Klasse. Anekdoten und Geschichten fallen mir ein, die die Trauer überlebt haben, überstrahlen... Der gute Pfarrer Lappe – nachdem er einsehen musste, dass ich wohl nie zur Herde seiner katholischen Schäfchen gehören würde, blieb er mir dennoch gewogen. Er, der selbst in allseits toleriertem Familienverband lebte, konnte nicht verstehen, dass ich nach jenem Ereignis keine weitere Beziehung eingegangen bin. Immer wieder fragte er mich: „Eine so junge und hübsche Frau wie Sie – warum heiraten Sie nicht wieder?" Die Ausflüchte wurden mir zu dumm, und eines Tages antwortete ich auf sein stereotypes Nachhaken wahrheitsgemäß: „Weil mich keiner

gefragt hat, Herr Pfarrer!“ Von da an ließ er mich in Ruhe.

Immer mehr Grabsteine und Grabkreuze werden es mit jedem Jahr. Es ist ein gemütlicher kleiner Friedhof, mitten im Gelände, und die Aussicht ist so schön…

Dieser Winter in Steyr geht als einer der kältesten Winter in die Wettergeschichte ein. Ich komme kaum nach mit dem Brennstoffholen und dem Heizen der unendlich großen Räume. Im großen Zimmer friert das Wasser in der Waschschüssel. Meine Hände sind blaurot gefroren vom Wäschewaschen in der Waschküche, tief unten im Keller, vom Wäscheaufhängen auf dem Balkon.

Im Jänner bekomme ich eine Stelle im Sekretariat der Höheren Technischen Lehranstalt, eine halbe Stunde dauert der Fußweg über die Berggasse, über die Brücke, wo Enns und Steyr zusammenfließen, zur Schlüsselhofgasse. Ein eisiger Wind pfeift durch die ganze Stadt und besonders entlang der beiden Flüsse. Die Temperaturen fallen auf minus 39 Grad. Ständig bin ich erkältet, Stirnhöhleneiterungen, Blasenentzündungen wechseln einander ab, und ich wage nicht, mich krank zu melden. Der überaus katholische Direktor der Schule hatte mich bei meinem Einstellungsgespräch gefragt, ob ich denn – als junge Ehefrau – nicht bald Nachwuchs bekommen wolle? Nein, wir müssen uns noch einrichten, wir brauchen beide Gehälter und können uns derzeit kein Kind leisten. „Schickt Gott ein Häslein, dann schickt er auch ein Gräslein…", predigt der Direktor salbungsvoll. Was wollte er eigentlich wirklich hören? Hätte ich „ja" gesagt zu einem Kind, meine Chancen auf einen Posten wären wohl die Enns hinabgeschwommen. Der überaus katholische Direktor empfiehlt mir, als in der Schule die Heizung ausfällt und meine Nebenhöhlen nahezu undurchgängig werden, die Nase unter eiskaltes fließendes Wasser zu halten. Ich habe Fieber, ich habe Schmerzen – trotzdem tue ich, was mir empfohlen – befohlen – wird. Die brutale Prozedur wirkt tatsächlich. „Kranksein ist ein Verstoß gegen das Volkswohl", das ist die Meinung des Hofrats Hillisch.

Ein halbes Jahr bin ich nun von zu Hause fort, seit einem halben Jahr verheiratet. Der Schleier ist schon lang zerrissen, der rosarote Schleier, der über der Wirklichkeit lag, die ich nicht sehen konnte und nicht sehen wollte. Ich lüge weiter, mit jedem Brief, den ich an meine Familie schreibe. Sie dürfen mein Heimweh nicht bemerken, nicht merken, wie elend es mir geht, nichts merken von den finanziellen Sorgen, von den immer häufiger auftretenden Szenen, den unbeherrschten Wutausbrüchen und den nachfolgenden Versöhnungen im Bett, die ich jeweils stumm und tränenüberströmt über mich ergehen lasse. Ich schreibe, wie glücklich ich bin, wie wunderbar mein Mann, wie groß das Haus, wie elegant die Einrichtung ist, wie schön die Stadt und die Umgebung, der Tabor, das Schloss Lambert, St. Ulrich, Christkindl, Garsten… und wie ich mich freuen würde, meiner Familie all dies zeigen zu können…

Tatsächlich kommt meine Mutter mit den beiden Jüngsten angereist, sie bringt einen alten Staubsauger mit, den die Schwiegermutter nicht leiden kann, weil er den mottenzerfressenen Teppichen schadet. Während dieser Besuchstage ist alles in Ordnung, zeigt sich mein Mann von seiner charmantesten Seite. Ich spiele mit. Meine Seele hat Urlaub.

Danach geht es weiter wie zuvor. Aber so kann es nicht weitergehen. Die Krankenstände meines Ehemannes, seine „Herzanfälle", seine nervösen Zusammenbrüche (ich habe gelernt, die Diagnose „Vegetative Dystonie" zu hassen) steigen bedenklich – ebenso sein Zigaretten- und Alkoholkonsum, wenn er im Krankenstand den fürsorglichen Hausmann spielt und das Essen für seine berufstätige Ehefrau vorbereitet. Ich habe immer mehr Angst vor ihm und vor seiner Unberechenbarkeit. Es muss etwas geschehen.

Wir haben zu wenig Geld, das ist es. Vielleicht könnte ich mir eine bessere Stelle suchen? Noch in Klagenfurt war mir der Posten einer Steno- und

Maschinschreiblehrerin angeboten worden, den ich abgelehnt hatte – ich wollte doch heiraten! Gibt es in Steyr keine Chance? Ich schreibe auf jede Annonce. Mehrere Angebote stehen zur Auswahl, ich werde zu Vorstellungsgesprächen eingeladen, Berufsschule, Handelsschule – und da kommt ein neuerliches Angebot aus meiner Heimat! Ich könnte im Herbst in der Berufsschule beginnen – als Lehrerin, mit 21 Jahren! Zurück in meine Heimat! Die Wohnung in der „Villa Mathilde" ist fast mieterfrei, wir könnten dort einziehen, zumindest zwei Räume bewohnen, als Übergangslösung! Für meinen Mann, der doch so viele Fähigkeiten hat, wie er sagt, wird sich schon etwas finden.

Wir packen, wir übersiedeln. Die Ehebetten kommen mit, die Schallplatten. Die Betten füllen das ehemalige Kuckuckszimmer aus, das jetzt zu einem richtigen Schlafzimmer wird. In einem Zimmer der „Villa Mathilde" stehen noch die Schlafzimmermöbel meiner Eltern. Wir bekleben sie mit dem damals aktuellen „DC-fix", das in verschiedenen Mustern auch über allen alten Möbeln im neuen Haus meiner Eltern klebt, und funktionieren sie zu Wohnzimmermöbeln um. Aus alt mach neu. Das Klavier in Steyr war nur gemietet, wir mieten ein anderes (und bleiben die Miete monatelang schuldig, genauso wie die Kosten der Übersiedlung). Im ehemaligen Kinderzimmer

wohnen Untermieter, die uns nicht stören. Die Küche benützen wir gemeinsam. Den alten Kohlenherd hat ein Propangasherd abgelöst, auf dem ich ohne schwiegermütterliches Über-die-Schulter-schauen ganz passabel koche.
Der Start lässt sich gut an. Er hatte sich auch in Steyr gut angelassen. Mein Vorstellungsgespräch bei meinem zukünftigen Direktor lässt sich ebenfalls gut an. Er fragt mich nach meinen pädagogischen Erfahrungen (die Zeugnisse haben schon für sich, für mich gesprochen) – ich führe als Beweis meiner Begabung nicht nur die Nachhilfestunden, sondern auch meine acht jüngeren Geschwister an. So springe ich pädagogisch-methodisch-didaktisch völlig unbeleckt ins kalte Wasser. Meine Berufsschüler, meine Schülerinnen, sind nur wenige Jahre jünger als ich. In meiner ersten Unterrichtsstunde am Montag meines ersten Unterrichtsjahres entdecke ich in der zweiten Reihe die Elly, meine Freundin, nur zwei Jahre jünger als ich – das Nachbarmädchen, mit dem ich mich früher von Klo zu Klo (Villa Mathilde – Villa Roskosny) unterhalten hatte… Ich weiß nicht, ob ich „du“ oder „Sie“ sagen soll. Sicherheitshalber sage ich gar nichts. Ein volles Jahr lang traue ich mich nicht, sie anzusprechen oder an die Tafel zu rufen.
Irgendwie schaffe ich es. Ich schaffe es. Mein Mann schafft es nicht. Er wechselt die Betriebe, er

wechselt die Firmen, die Jobs. Zunächst hatte mein früherer Chef, der Wirkliche Hofrat, ihm eine Stelle als Versicherungsvertreter verschafft, mir zuliebe. Der Vertreterberuf ist natürlich, ich hatte es kaum anders erwartet, unter seiner Würde. Die Kunden sind schuld, die Kollegen oder Konkurrenten. Er hat keinen Führerschein. Ich bezahle den Kurs – die Prüfung schafft er beim zweiten oder dritten Anlauf. Die Prüfer sind schuld. Er hat kein Auto. Die Versicherung stellt ihm einen Firmenwagen zur Verfügung, den er bald zu Schrott fährt. Der Gegner ist schuld.
Der Ungarnaufstand und die Flüchtlingswelle werden seine neuerliche Chance: Er wird vorübergehend in der Flüchtlingsbetreuung eingestellt. Das ist unsere ruhigste Zeit. Er fühlt sich gefordert, der Lohn ist angemessen, wir erholen uns – persönlich und auch finanziell. Dann läuft der Vertrag ab. Es folgen Gelegenheitsjobs, hie und da ein Konzert, schlechte Kritiken.
Ich kämpfe mich durch meine Lehrerkarriere, durch Vorbereitungen, Anfeindungen, Fehler, Schwierigkeiten. Ich bin Vertragslehrerin, weiß nicht, welche Prüfungen ich ablegen muss, um pragmatisiert zu werden. Sei's drum – jeden 15. bekomme ich mein Gehalt, ab dem dritten Jahr auch manchmal Überstunden. Ich halte Maschinschreib- und Steno-Kurse, abends, am Samstag-Vormittag, bis zu 45 Wochenstunden, komme

todmüde heim, wo mich mein arbeitsloser Ehemann erwartet. Betrunken, wie üblich. Manchmal ruft er mich auch in der Schule an, wenn die Erbsen angebrannt sind und die Kartoffel nicht gar werden.
Ich kämpfe mich durch unseren Alltag und meine Hausfrauenkarriere. Wir kaufen treu in unserem Lebensmittelgeschäft ein, auf Büchl natürlich, und beim neuen Fleischhauer, auch auf Büchl. Nicht immer gelingt es mir, die Rückstände am Monatsende auszugleichen. Sie werden von Monat zu Monat größer. Obwohl auch die Mutti immer auf Büchl eingekauft hat, schäme ich mich wegen der ansteigenden Schulden. Schulden hat mein Mann auch in der Trafik, in der er täglich zwei Packerl Austria 3 und eine Schachtel Camel kauft, und Schulden macht er selbst beim Grillitsch, dem Besitzer der kleinen Konditorei, in der ein Fernsehapparat steht. Abends ist die Gaststube knallvoll und verraucht, die Konditorwaren sind fast ungenießbar, aber abends isst kaum jemand Schaumrollen und Cremeschnitten. Dafür wird mehr getrunken, etwas außerhalb der Legalität, denn eigentlich dürfte der Grillitsch keinen Alkohol ausschenken. Um den Abenden in der Wohnung und meinen ehelichen Pflichten zu entgehen, deren Rituale mir immer unerträglicher werden, mache ich beim Fernsehvergnügen mit: Alle Fußballspiele sehe ich mir an (Hanappi, Happel,

Decker, Ocwirk, Busek, Stotz…), alle Nachrichten (Franziska Kalmar, Hermi Niedt, Herbert Kragora, Peter Fichna), die Samstag-Abend-Shows, alle Kabarett-Sendungen (Spiegel vor'm G'sicht, Hackl ins Kreuz, Brettl vor'm Kopf, Blattl vor'm Mund…), deren Interpreten ich vorher nur aus dem Radio kannte. Jetzt sehe ich sie in Schwarz-Weiß!
Hie und da leisten wir uns einen gemeinsamen Kinobesuch. Im Kino gibt es nichts zu trinken, dafür aber Rauchverbot. Das Theater, das sein Genie verkannt hat, ist natürlich gestrichen. Nicht einmal erwähnt darf es werden. Wir gehen nie in die Stadt, wir gehen nie aus, wir nehmen keine Einladungen an, weil wir sie nicht erwidern könnten. Wir brauchen doch niemanden – wir haben ja einander. Ab und zu ladet die Mutti uns zum Sonntagsessen ein – wehe, die als Botschafter gesandten kleinen Geschwister sagen „Du sollst zum Essen kommen" und nicht „Ihr sollt zum Essen kommen", dann ist der nächste Krach fällig: Du hast es gehört – nur du bist eingeladen. Mich mögen sie nicht. Sie schließen mich aus. Geh ruhig allein hinüber… Ich kann nicht „ruhig" gehen, wenn ich an die Stimmung denke, in der er mich danach empfangen wird. So bleibe ich zu Hause und stoße meine Eltern vor den Kopf. Selbst dieses Opfer macht keinen Sinn, weil er sich trotzdem betrinkt und seinen Zorn an mir auslässt.

Ich kann nicht mehr. Ob ich ihm Vorwürfe mache oder still dulde, ist einerlei. Eines Nachts, nach stundenlangem, hoffnungslosem, aussichtslosem Streit, nach wiederholter Drohung, sich etwas anzutun, renne ich in die schwarze Finsternis, ohne Ziel, tränenüberströmt, ja nicht zu den Eltern, dort sucht er mich zuerst. Ich laufe über die oktoberfeuchten Wiesen, übernachte frierend in einer Heuhütte, fahre mit dem ersten Obus in die Stadt, die Schule ist bereits offen, ich kann mich im Lehrerzimmer notdürftig waschen. Wie ich den Schultag überstehe, weiß ich nicht mehr. Abends lasse ich mich im Ärztezimmer, in dem die Schuluntersuchungen stattfinden, einschließen, kann auf dem Ärztebett ganz gut durchschlafen. Ich bin allein, ich möchte es lange bleiben.

Am nächsten Tag steht er nach Unterrichtsende vor dem Schultor, nüchtern, blass, mit tiefen Kerben um den Mund. Wieder verspricht er Besserung, verspricht, dem Alkohol abzuschwören, wenn ich bloß zu ihm zurückkomme. Er wird die Mama dazu überreden, auch noch ihren letzten Anteil am Haus zu verkaufen, sie soll zu uns ziehen, uns mit einer größeren Finanzspritze helfen, wir werden es gemeinsam schaffen. Ganz lieb ist er und zärtlich, wie am Beginn unseres Kennenlernens. Die Versöhnung ist innig und so glaubhaft wie nie zuvor.

Das Ergebnis kommt im darauffolgenden Juli zur Welt. Wir nennen unsere Tochter Daniela.
Das klingt nach Happyend, nicht wahr? „Und lebten glücklich und zufrieden…“ Nein, es war kein Ende, nur ein Einschnitt, ein Atemholen. Danach ging alles seinen gewohnten Gang. Ich versuche mich wieder einmal zu erinnern. Je näher ich jenem schlimmen Tag komme, der sich ja längst angekündigt hatte – nicht alle Katastrophen brechen unvermittelt über die handelnden Personen herein, wie ein Blitz aus heiterem Himmel –, je weiter ich mich von den im Rückblick so sonnigen, verklärten Tagen der Kindheit und Jugend entferne, desto verschwommener, unscharfer werden meine Erinnerungen. Die Kontinuität und Schlüssigkeit des Dramas, der Komödie, der Tragikomödie ist unterbrochen. Manche Ereignisse stechen klar umrissen hervor, ich höre jeden Ton, sehe die Farben, die Akteure, spüre die Stimmung. Andere Szenen wiederum sind in der Versenkung verschwunden, ausgelöscht, müssen mir von den Beteiligten beschrieben und geschildert werden. War ich überhaupt dabei oder habe ich die Bühne kurzzeitig verlassen? Ich habe wohl irgendwie funktioniert in diesen ersten Jahren meiner Unterrichtstätigkeit; das beweisen meine zunächst recht schlampig, dann immer genauer geführten Notenkataloge, meine vergilbten Vorbereitungen, Gespräche mit ehemaligen Schüle-

rinnen und Schülern, Schwarz-Weiß-Fotos von Schulereignissen. Die Schülerinnen sagen heute, sie haben mich alle bewundert, weil ich so schlank war und schick gekleidet, die Schüler sagen heute, sie haben mich alle verehrt. Eine Klasse hat mir ein Keramik-Bambi zum Abschluss geschenkt, weil ich solche Bambi-Augen hatte. Ich kann das nicht glauben, in der Rückschau: schlank – ja, schick – wie denn? Wir hatten doch kein Geld, jedes Kleid musste ich erkämpfen, die Schneiderinnenrechnung auf Raten abstottern. Und wie hätte man Rehaugen hinter den unmöglichen Brillen sehen können? Dass ich allzu streng war in diesen ersten Jahren, auch dafür finde ich den Beweis in den Lehrerhandbüchern. Viele „Nicht genügend" habe ich gegeben, musste ich auf Anraten des Direktors und der Kollegen geben. Immer wieder bitte ich meine Opfer um Verzeihung, wenn ich sie treffe. Sie haben mir alle längst verziehen. Fast alle.

Aber da und dort – ein blinder Fleck. Eine tiefschwarze Erinnerungslücke. Ich weiß es nicht mehr. Ich will es nicht mehr wissen. Ich kann mich nicht erinnern, beim besten Willen. Beim besten Willen?

Im Advent 1958 muss es wohl gewesen sein, dass ich Veränderungen in mir, an mir bemerkt habe. Nein, ich habe es vom ersten Augenblick an gewusst, doch danach weitergelebt, weitergearbei-

tet, wie üblich. Veränderungen habe ich auch an der Mutti bemerkt. Sie blieb doch tatsächlich im Bett liegen, als sie eine Erkältung bekam, ein bisschen erhöhte Temperatur. Das war so gar nicht ihre Art, sich ins Bett zu legen – außer ins Wochenbett. Im Advent hatte die Mutti immer besonders viel zu tun, sie lebte für das Weihnachtsfest und seine perfekte Inszenierung. (Das tut sie übrigens heute noch). Ich war sicherheitshalber so wie sie in die Ordination unseres geliebten und verehrten Hausarztes Dr. Heyn gegangen, um mich untersuchen zu lassen. (Einen Gynäkologen aufzusuchen, hatte in den fünfziger Jahren – vielleicht auch nur in unserer Familie? – einen recht unanständigen Beigeschmack). Ich setze mich an das Bett meiner Mutter. „Na, was hat er gesagt?" „Ich bin schwanger!" „…und ich auch…", strahlt sie. Wann ist es so weit? Im Sommer! Bei mir auch! Mutter, 47, und Tochter, 24, erwarten Wunschkinder, sie ihr elftes, ich mein erstes (und einziges).

Stolz tragen wir bald unsere Bäuche durch den Ort. Die Leute mutmaßen, grübeln, rätseln. Ich kaufe Johanna Haarers „Die deutsche Mutter und ihr erstes Kind" – nein, das Wort „deutsche" ist in der neuesten Auflage nicht mehr zu finden. Meine Mutter kramt die Auflage aus den vierziger Jahren wieder hervor. Mein derzeit noch jüngster Bruder Dieter, acht Jahre alt, erklärt mir den Ge-

burtsvorgang und dass ich Essig trinken müsse, um das ersehnte Mädchen zu bekommen. Wir stricken die obligaten Jäckchen, Patscherln, Mützchen und Erstlingspullover, horten Stoffwindeln und Hemdchen. Meine Schwiegermutter füttert und verwöhnt mich, täglich verschlinge ich die mit Heißhunger erwartete Scheibe Zwiebelrostbraten, die ich umgehend wieder von mir gebe.

Die ersten Schwangerschaftswochen sind überhaupt schrecklich. Alle möglichen Gerüche quälen mich. Natürlich halte ich weiterhin nicht nur meinen Unterricht, sondern auch die Kurse, die zusätzliches Geld bringen. Am Samstagvormittag unterrichte ich einen Unteroffizierskurs in Maschinschreiben. Die Herren Soldaten und Uffz treten in Uniform an, mit frisch gefetteten Stiefeln und heftiger Alkoholfahne. Der leitende Uffz macht Meldung – ich stehe in meinem weißen Lehrerinnenmantel auf dem Podium und kann den Beginn des Unterrichtes kaum mehr erwarten, denn die männlichen Gerüche verursachen unstillbaren Brechreiz. Sie schreiben im Takt der Musik: a s d f leer j k l ö leer a s d f leer j k l ö Zeilenschaltung ping – 60 Anschläge je Zeile, 60 Anschläge je Minute, eine Platte dauert drei Minuten – und in diesen drei Minuten renne ich zur Wasserleitung auf dem Flur und kotze mein Frühstück in den Ausguss. Dann kann ich ungestört weiter unterrichten.

Jahre später krame ich aus einem verstaubten Fach meines Lehrerpultes diese vergessene, diese bewusste „a s d f"-Schelllackplatte heraus und lege sie für meine Schüler auf den alten, 78-Touren-geeigneten Schulplattenspieler. Die Musik beginnt – und mir wird entsetzlich übel. Längst sind wir in einen moderneren Maschinschreibsaal übergesiedelt, auf dem Flur gibt es keine Wasserleitung mehr, und das Lehrerklo erreiche ich wirklich im allerletzten Augenblick. „Konditionierung", „Pawlowscher Reflex", lerne ich später im Psychologiestudium…

Mein Mann freut sich auf das Kind, was ihn nicht hindert, rückfällig zu werden. Freilich, er hat sich um eine neue Stelle umgesehen, aber Stellen, die seinen Anforderungen entsprechen, sind rar. Schon längst gibt es kein Arbeitslosengeld mehr, wir leben allein von meinem Gehalt. Aber, wenn das Kind erst auf der Welt ist, wird alles anders werden. In meinem Bauch wächst ein kleiner Felix – ich nenne das Baby Felix, spreche mit Felix, gewöhne mich an den Bubennamen. Nach meinen Schwangerschaftsflecken wird es nämlich ein Bub, obwohl ich mir so sehr ein Mädchen wünsche – ein Mädchen, das nie, nie, nie diese Fehler machen muss, die ich gemacht habe, ein Mädchen, das ich nicht belügen möchte, nicht falsch erziehen, nicht strafen und einschränken.

Der Felix weiß nicht, dass ich mich vor einem Sohn fürchte.
Der Juli 1959 ist sehr heiß. Ich bin fett geworden, trotz der gekotzten Zwiebelrostbraten, die ich nicht mehr riechen kann. Stattdessen esse ich täglich zwei Kugeln Eis mit doppelt Schlagobers. In meinem roten zeltartigen Umstandskleid watschle ich unbeholfen daher. Muttis Geburtstermin ist überfällig, seit beinahe 14 Tagen. Vielleicht geht es schneller, wenn wir uns bewegen. Und so wandern die hochschwangere Mutter und hochschwangere Tochter einmütig in den Wald und sammeln Eierschwammerln, bergauf, bergab. Bei der Mutti rührt sich nichts. Mir tut nur der Rücken weh. Spätabends beginne ich, trotz meiner Müdigkeit und meiner Rückenschmerzen, die Türen meiner Wohnung zu putzen, was die Schwiegermutter wundert – nicht aber meine Mutter. Sie weiß, jetzt ist es so weit. Auch sie pflegte am Tag des Kinderkriegens immer die Zimmertüren abzuwaschen…
Meine Tochter macht es mir nicht leicht. Ich verbrauche sämtliche diensttuenden Hebammen, schreie und tobe und lese zwischendurch, wenn die Wehen aussetzen, zum Erstaunen des medizinischen Personals meinen geliebten Hamlet. „…obs edler im Gemüt, die Pfeil und Schleudern des wütenden Geschicks zu dulden oder, sich wappnend gegen eine See von Plagen, durch Wi-

derstand sie enden? Sterben, schlafen – schlafen, vielleicht auch träumen...“ Nix ist mit Schlafen und Träumen. Am 13. Juli 1959, um halb sechs Uhr morgens, halte ich mein Kind im Arm, mein schwarzäugiges knuddeliges Mädchen, meine Dany. Sie ist gesund, sie ist komplett, sie schreit nicht mehr, sie schaut mir unergründlich in die Augen. Alles ist gut. Alles wird gut werden.

Als erstes rufe ich meine Mutter an, die Großmutter meines Kindes, sprudle alles heraus, die Geburtsvorgänge, die Größe, das Gewicht, dass es ein Mädchen ist, und genieße erst dann meine Dammschnitt-Narkose und das Umsorgtwerden im Wochenbett. Eine Woche später unterbreche ich meine Heimfahrt vom Landeskrankenhaus, dritte Klasse. Im Sanatorium, das sich meine Eltern mittlerweile leisten können, besuche ich meine spätgebärende glückliche Mutter samt kleinem Bruder Wolfgang, der sich bereits bei seiner Ankunft „Onkel“ nennen darf!

Onkel Wolfgang und Nichte Daniela wachsen auf wie Bruder und Schwester. Für ihn bin ich später die „Schwester Helga“, für sie die „Mama“, zu ihrer Großmutter sagt sie „Mutti“, wie wir alle. Die Babys, die beiden hübschen „falschen Zwillinge“, bestimmen das Leben der Familie, werden geliebt und verwöhnt und bewundert von der Geschwister-, Tanten-, Onkel- und Freundesschar. Der Vati und frischgebackene Großvater fotografiert wie in

alten Zeiten jeden Entwicklungsschritt, wir reißen ihm die nassen Bilder aus der Hand – wer ist diesmal besser getroffen, hübscher geworden, das käferäugige Mädchen mit dem kaum sichtbaren Haarflaum, der blauäugige, langbewimperte, blondgelockte Bub? Die Konkurrenz zwischen den beiden wächst, aber auch die Geschwisterlichkeit und Vertrautheit.
Das Haus der Eltern ist fertig geworden, im Garten tummeln sich die Kinder und die erträumten Tiere, gackernde flohreiche Hühner, der freche Dackel Moritz, die kommenden und gehenden Katzen, die Schildkröten, die Meerschweinchen. Der kleine Garten ist ein Paradies, in das ich immer öfter flüchte, um meinen Eheproblemen zu entgehen. Neben der Luxuskarosse des Brüderchens parkt mein billiger Kinderwagen.
Mein acht Wochen Mutterschafts- bzw. Still-"Urlaub" endet mit dem letzten Ferientag. Ich muss meinen Dienst antreten samt Überstunden, Maschinschreib- und Stenokursen, muss mich von meinem Baby losreißen, obwohl ich noch stille, obwohl ich viel, zu viel Muttermilch habe, genügend, um meiner Mutter auszuhelfen, ihr Milch für den kleinen Bruder zu bringen. Meine Brüste schmerzen und tropfen, ich pumpe die kostbare Milch ins Lehrerklo. Es wird ein sorgenvoller Herbst voller Existenzangst. Wohl bemüht sich mein Mann als stolzer Vater, den Kinderwagen

durch den Ort zu schieben. Weitere Erleichterungen gibt es nicht. Abends, nach der Schule, nach dem Stillen, wasche ich die schmutzigen Stoffwindeln, die sich im Laufe des Tages gesammelt haben, ich koche sie in einem riesigen Topf auf dem Gasofen, bügle die Windeln vom Vortag. Das Feuer im Kachelofen ist ausgegangen, so trage ich das Baby zum Baden in das gleichmäßig warme Haus meiner Eltern, wo es bereits eine Koks-Zentralheizung gibt.

Die Tante Mitzi, unsere Vermieterin, hat es nicht geschafft, uns aus der Wohnung zu bringen. Nun schafft es der Eigentümer selbst, indem er Eigenbedarf für seine kranke Frau anmeldet. Wir werden gekündigt, trotz des kleinen Kindes. Eine verzweifelte Herbergssuche beginnt. Sie führt uns in völlig ungeeignete, nasse, schimmelige Kellerräume, in denen wohl unsere verlotterten Möbel untergebracht werden können, die ich aber meinem Baby nicht zumuten kann. In einer winzigen Kammer im Elternhaus darf ich mit der Kleinen über den Winter bleiben. Mein Mann haust weiter in der Kellerwohnung – sie grenzt, wie bequem, an ein zweitklassiges Gasthaus. Die durchaus nicht stillen Zecher pinkeln ungeniert an das Schlafzimmerfenster.

Es wird Frühling, die „Saison" beginnt am Wörthersee. Meine Eltern brauchen jeden Raum im kleinen Haus, sie vermieten an deutsche Urlaubs-

gäste aus dem Ruhrgebiet, die sich über unsere gute Kärntner Luft freuen und keine Ansprüche stellen, weder an Verpflegung noch an Quartier. Ich ziehe in die düstere, muffige Kellerwohnung, in die kein Tageslicht fällt.

Der einzige Vorteil: Wir „wohnen" gegenüber dem Bahnhof, ich könnte gleich in den Zug steigen, der mich zur Schule in der Nähe des Hauptbahnhofes bringt. Das klappt allerdings selten – mein arbeitsloser Mann muss morgens seinen Rausch ausschlafen, ich mache in aller Eile das Kind fertig, renne mit dem Kinderwagen den weiten Weg zu den Eltern, bei jedem Wetter, gebe die Kleine mit schlechtem Gewissen ab – später kommt dich der Papa holen! –, sause zurück zum Bahnhof, von wo mich abends der stolze Vater wie selbstverständlich mitsamt kleiner Tochter abholt und von den Erlebnissen auf den langen Spaziergängen erzählt.

Im nächsten Herbst: ein neues Ausweichquartier, diesmal möbliert, weißer Lack mit goldenen Rahmen, alles beherrschende Artistenspiegel, und nur auf ein Jahr befristet, bis das Artisten-Ehepaar von seiner Tournee zurückkommt. Die Wohnung liegt oberhalb unseres Lebensmittelgeschäftes. Lastwagen donnern auf der Hauptstraße vorbei, Tag und Nacht, sie erschüttern das ganze sonderbar verwinkelte Gebäude, der pompöse Kronleuchter schaukelt bedrohlich. Als wir eines Tages, wohl ei-

nes Sonntages, nach dem Spaziergang heimkommen, liegt er in tausend Stücke zersprungen am Boden, dort, wo mein Mädchen kürzlich noch mit den geliebten winzigen Bauernhoftieren gespielt hatte.

Die Möbel der Schwiegermutter (sie ist dem ganzen Jammer zur Weber-Annerl nach Kapfenberg entflohen) konnten wir irgendwo einstellen, sie werden nicht besser davon. Natürlich sollten wir für das Einstellen bezahlen. Die Schulden wachsen mir über den Kopf. Es wird schon alles gut werden, sagt mein Mann, zieht an seiner Zigarette, trinkt seinen Rotwein, den wir aufschreiben lassen unten im Geschäft. Wann wird er endlich arbeiten, fragen meine Eltern? Er findet nichts, er sucht nichts, er redet mit seinem Kind, führt es spazieren im geschenkten Kinderwagen, sitzt abends vor seinen Heften, in die er neue Pin-up-Bilder einklebt. Alle bewundern den liebenden Vater – die ebenso liebende Mutter werkt von früh bis spät in der Schule. Oft schlafe ich nach neun Unterrichtsstunden abends erschöpft im Obus ein – ich fahre wieder mit dem Obus – und versäume unsere Haltestelle. Ich falle ins Bett, will nichts mehr hören, nichts mehr wissen, keine Platten vorgespielt bekommen, keine Bilder ansehen. Ich bin schon längst nicht mehr Ehefrau, nur mehr Mutter, die ihre Brut beschützen will und wird.

Am ersten Schultag nach Ostern komme ich nach dem abendlichen Maschinschreibkurs todmüde heim. Die Kleine wurde vom Vater schon ins Bett gebracht, jetzt sitzt er an seinem Plattenspieler, raucht, trinkt, will mit mir reden. Ich kann nicht mehr. Er geht ins Kinderzimmer, brüllt, dass das Kind nicht zugedeckt ist, ich bin eine Rabenmutter, die sich nicht um das Kind kümmert, er schlägt auf mich ein, reißt die Kleine aus dem Schlaf, schüttelt sie, die er doch so lieb hat, ist völlig von Sinnen. Es gelingt mir irgendwie, ihm das Kind wegzunehmen, in meine Arme, ich stürze aus dem Zimmer, stolpere die steilen Stiegen hinunter, auf die Straße, wo gerade ein Gendarmerieauto vorbeifährt, das ich aufhalte – bitte, bitte, bringen Sie mich zu meinen Eltern, gleich diesen Weg hinunter… keine Scham mehr, kein Verstecken, es geht um mein Kind, mich konnte er schlagen, kann er schlagen, aber dem Kind darf nichts geschehen.

Am nächsten Tag reiche ich die Scheidung ein. Ich rufe die Schwiegermutter an und sage, dass es endgültig aus ist. Auch sie kann nicht mehr helfen, kein Geld mehr schicken. Vom Elternhaus aus sehe ich unsere Wohnung. Alles ist ruhig. Die Gendarmerie patroulliert vorbei, während ich beim Arzt bin und bei Gericht und im Unterricht, in den ich mich flüchte.

Zwei Tage später begleitet mich die Mutti in die

Wohnung, um ein paar Sachen abzuholen, meine Kleider, das Gitterbett. Mein Mann ist blass und ruhig. Zu ruhig. Die Zigarette zittert zwischen seinen Fingern. Die Einladung zur ersten Tagsatzung liegt auf dem zerwühlten Bett, eine geleerte Doppelliterflasche auf dem Teppichboden. Er sagt: Ich bin gleich so weit. Und geht ins Nebenzimmer. Ich bin starr und ohne jedes Gefühl, spüre nicht den blauen Fleck an meiner Wange und nicht den Schmerz am Arm. Nicht einmal mehr Angst spüre ich, schon gar nicht Mitleid. Wir packen das Nötigste und verlassen diese Wohnung. Es ist sehr still, aus dem Nebenzimmer höre ich kein Geräusch.

Still bleibt es den ganzen Tag und die ganze Nacht. Von meinem kleinen Fenster aus sehe ich kein Licht in der Wohnung. Ich weiß, dass etwas passiert ist.

Der Herr Grillitsch, in dessen kleiner Konditorei er die letzten Abende seines Lebens verbrachte, bei dem er die letzte Doppelliterflasche anschreiben ließ, hat ihn dann gefunden: im Nebenzimmer, am Fensterkreuz. Er hat seine Vorbereitungen wohl getroffen, während wir die Kindersachen und das Gitterbett zusammenpackten. Ob er wollte, dass ich nachsehe, ihn zurückhalte, wie ich es immer getan hatte, wenn er diese Andeutungen machte? Diesmal habe ich ihn nicht zurückgehalten. Ich habe sehr wohl verstanden,

was er meinte, und gab vor, nicht zu hören, nicht zu verstehen.
Behutsam bringen mir die Eltern bei, was ich schon ahne. Langsam, ganz langsam sinke ich auf das Bett zurück, auf dem meine Kleine mit ihren Bauernhoftieren spielt. Aus mir fließt alles Leben, das fremde, aufgezwungene, vorgespielte Leben. Ich fühle mein eigenes Leben zurückkommen, langsam, fast unmerklich; mein Kopf ist leer, und zugleich ist er frei. Jetzt müsste doch der Schmerz einsetzen, die Reue und das Schuldgefühl. Tränen müssten aufsteigen. Ich spüre nur unverständliche, unerlaubte Erleichterung. Wie in Trance nehme ich mein Kind auf den Arm, meine kleine Tochter, die bald zwei Jahre alt wird, gehe mit ihr auf unserem schmalen Weg auf und ab, auf und ab, setze Fuß vor Fuß, mechanisch, wie eine Puppe.
Die Kleine zeigt zu den weißen Wolken im blauen Aprilhimmel. „Papa – oben!“, sagt sie, und noch einmal, damit ich mich ihr zuwende: „Papa – oben!“, und kuschelt sich an mich.
Ich kann nun endlich weinen.

10. Kapitel

Wird wachen, lesen,
lange Briefe schreiben

Ein Jahr ist vergangen, seit ich begonnen habe, meine Erinnerungen aufzuschreiben, Erinnerungen, die fünfzig Jahre zurückgehen, vierzig Jahre. Warum habe ich damit so lange gewartet? Was hat mich davon abgehalten? Wovor habe ich mich gefürchtet? Vor meiner Familie, die es immer verstanden hat, Probleme nicht zu besprechen, sondern unter den Teppich zu kehren? Vor meiner Tochter, der ich glaubte, Rechenschaft legen zu müssen? Vor meinem eigenen Gewissen? Freilich, ich habe meine Kindheitserinnerungen veröffentlicht, nette, liebe Geschehnisse, die in der „Villa Mathilde" spielten, ich habe Jugenderinnerungen ans Licht der Zeitgeschichte gebracht, in „13 Deka Leberkäs". Ich habe versucht, ehrlich zu bleiben, authentisch zu sein, mich selbst nicht zu schonen, wohl aber die anderen, meine Eltern, meine Verwandten, meine Geschwister, meine Zeitgenossen – immer mit dem gewissen Augenzwinkern: so war es, so hätte es sein können. Alles happy, alles easy, alles eitel Sonnenschein. Es tut nicht weh. Don't worry.

Allmählich wurde es aber Zeit, die Schatten auf den Sonnenuhren wahrzunehmen.
Das Begräbnis meines Mannes findet in Pirk statt, ohne Pfarrer natürlich und im recht engen Kreis. Ich bin Witwe, 26 Jahre alt, ich habe ein Kind, das ich allein erziehen werde, auch wenn mir die ganze Familie liebevoll dreinredet. Mein Dr. Heyn hat mir Beruhigungspillen verschrieben, ich schlucke täglich, noch Tage nach dem Begräbnis, drei bis vier Tranquilizer, wahre Bomben.
Wie eine Marionette lasse ich die Vorbereitungen über mich ergehen, wie eine Marionette marschiere ich hinter dem Sarg her, gestützt von meinen Eltern. Es ist kein christliches Begräbnis, wir sind beide bei keiner Religionsgemeinschaft. Unser Kind haben wir katholisch taufen lassen, um die Eltern zu ärgern, die anlässlich ihrer Silberhochzeit wieder protestantisch geworden sind und bei dieser Gelegenheit alle bis dahin ungetauften Kinder taufen und die älteren auch zeitgleich konfirmieren ließen. Meine Mutter liebt Familienfeste. Begräbnisse waren bisher selten.
Ich stehe am offenen Grab und muss ein hysterisches Kichern unterdrücken. Ich lebe, und du bist tot. Sie haben dir deinen einzigen halbwegs ordentlichen Anzug angezogen, den du immer geschont hast, falls es doch noch einmal ein Vorsingen geben wird, als Beginn deiner endgültigen, deiner ungebremsten Karriere. Mit diesem Anzug,

Firma Gapp, Klagenfurt, liegst du in deinem Sarg – und ich stehe am Grab, denke zwanghaft an deinen Körper, an deine noch immer nicht reparierten Zähne, deinen großen Zehennagel. Du bist tot, ich lebe.

Ich beginne zu leben. Ich muss es wieder lernen. Meine Eltern geben mir Quartier, geben mir Zuflucht, lassen mich mit meinem Kind in einem Zimmer unseres neuen, schon jetzt viel zu kleinen Einfamilienhauses wohnen. Ich brauche ja nicht mehr, nur ein Zimmer, um endlich auszuschlafen, um Ruhe zu finden. Schlafen kann ich, traumlos, bewusstlos, denn ich stehe immer noch unter Beruhigungsmitteln, die mein Grübeln auch tagsüber dämpfen. Mechanisch tue ich, was getan werden muss. Als allererstes muss sämtliche Wäsche gewaschen werden, meine Wäsche, die Kleidung der Kleinen, damit nichts mehr nach Rauch riecht, nichts mehr an die frühere verqualmte Wohnung erinnert. In unseren Haaren hält sich der Nikotingeruch am längsten.

Dann muss ich die Wohnung kündigen, den spärlichen Haushalt auflösen, die Möbel einlagern, den Nachlass sichten, die Papiere ordnen, die dringendsten Rechnungen begleichen, die Schulden auflisten und abstottern, und vor allem muss ich verbrennen, was nicht ans Licht der Öffentlichkeit darf. Ganze Nachmittage verbringe ich im Hof unserer letzten Wohnung, errichte einen Scheiterhaufen, auf dem ich meine letzten fünf Jahre zum Opfer bringe, und verscheuche neugierige Frager. Die Schallplatten schlichte ich in die vier Kisten, schleppe sie in das Haus meiner Eltern, verschenke sie zu Dutzenden, zerschmettere, was übrig bleibt. Ich will nichts mehr zu tun haben mit dieser Vergangenheit.

Meine Schwiegermutter zieht in unser Dorf. Sie hat das Recht dazu, sie hätte das Recht, in unserem kleinen Haus zu wohnen, denn sie hat dafür bezahlt. Unser Dr. Heyn warnt mich, tun Sie sich das ja nicht an, das wird zu viel für Sie. Aber wir besorgen und bezahlen ihr ein Zimmer ganz in der Nähe, damit sie ihre Enkelin, das Danilein, täglich sehen kann. Sie sagt zu mir: „Sag kein Wort über den Peperl." Ich sage kein Wort über den Peperl. Ich bin froh, dass ich nicht über den Peperl reden muss.

Einen langen, langen Brief schreibe ich an seine Patentante in Deutschland, in Schwäbisch Hall, die zugleich die Patentante meiner Tochter ist und uns anlässlich ihrer Geburt einen riesigen Korb mit Babyausstattung geschickt hatte. Diese Tante Mitzi ist ein patentes, wenn auch äußerst raues Frauenzimmer, verheiratet mit dem einigermaßen reichen Onkel Paul, kinderlos geblieben. Sie lädt mich ein, gemeinsam mit meiner Dany einige Ferienwochen in Hohenlohe zu ver-

bringen, Abstand zu gewinnen. Nur zu gern folge ich dieser Einladung.
Allmählich beginne ich mich aufzurichten. Die Entfernung hilft mir. In meinem Dorf, in meiner Stadt war ich allen ausgewichen, die mir kondolieren, mich trösten wollten, weil sie wussten, was geschehen war, oder weil sie mich wegen meiner Trauerkleidung – die ich ganz gegen damalige Sitten nur zwei Wochen trug – angesprochen hatten. Bei den Worten „Witwe" oder gar „Selbstmord" erstarre ich, sie klingen obszön, abwertend. Hier, im Schwäbischen, lässt man mich in Ruhe, die Tante hat gute Vorarbeit geleistet.
Ich mache lange Spaziergänge mit dem Kind im Sitzwagen, durch flache Wälder mit unzähligen roten Nacktschnecken, vorbei an Bauernhöfen mit riesigen Misthäufen. Manchmal lädt man die Tante, Vorsitzende der Landfrauen, mit ihrem „Besuch" zum Nachmittagskaffee ein. Steif sitzen wir in der ungemütlichen, kalten „Guten Stube", die nur an hohen Feiertagen oder für besondere Besuche geöffnet wird, trinken Kaffee, vertilgen Unmengen von Selbstgebackenem. Ich lasse mich taxieren, bemühe mich, den Dialekt zu verstehen und amüsiere mich insgeheim über die hasenohrigen Kissen, die perfekt ausgerichtet das ebenfalls ungemütliche Sofa zieren. Wenn, Gott behüte, die Kleine ein Kissen berührt, wird es um-

gehend aufgeschüttelt und erhält einen neuerlichen Handkantenschlag.
Die Tante hat einen Farbfernseher in unser Zimmer gestellt. Vom Beginn des Programms an schauen wir fasziniert in die Röhre. Am liebsten ist uns die Werbung, da sind wir in Österreich noch weit hinten. Das HB-Männchen… die gestreifte Zahnpaste… der Sarotti-Mohr… die Werbung lässt sich viel Zeit: „Die roten Streifen, die Sie sehn, enthalten Hexachlorophen…" – „Hier ein Stückchen, dort ein Stückchen, mir ein Stückchen, dir ein Stückchen – vielen Dank, ruft man im Chor, vielen Dank, Sarotti-Mohr!" Meine Dany singt bald mit.
Ich lerne das erste bundesdeutsche Kaufhaus kennen und kaufe ungebremst für meine Lieben zu Hause ein, packe daheim die Geschenke aus dem Wirtschaftswunderland aus – alles ist größer, besser, sauberer, bunter. Da hat die tüchtige Tante Mitzi recht. Da trifft sie genau die Ansicht meiner herrischen Großmutter.
Ein neues Schuljahr beginnt und gibt mir die Chance eines neuen Anfangs. Schon als Schülerin hatte ich mich auf jedes neue Schuljahr gefreut, auf die unbeschriebenen, unschuldigen Blätter, die neuen Griffel und Stifte, ab und zu ein neues Kleidungsstück, aber auch auf den neuen Lehrstoff. Denn es gab immer neuen Lehrstoff, auch wenn aus unterschiedlichsten Gründen der „alte"

Stoff nicht fertig vorgetragen worden war, was besonders im Geschichteunterricht auffiel: Über den Ersten Weltkrieg hinaus pflegte man in unserer Jugend nicht zu kommen, womit man unangenehmen Fragen und Diskussionen elegant aus dem Weg ging.

Dieses Prickeln, die Lust auf Neues setzt sich auch während meiner eigenen Unterrichtstätigkeit fort: die Sünden des abgelaufenen Schuljahres sind vergeben, nicht erarbeiteter Lehrstoff kann in die Wiederholung eingeschmuggelt werden, schlampige Vorbereitungen verschwinden im Papierkorb, selbst die Schüler und Schülerinnen sind neu oder über die Ferien wie neu geworden.

Meine Kollegen gehen taktvoll und behutsam mit mir um. Die anfängliche Erstarrung ist von mir gewichen, ich habe begonnen, mich wieder wahrzunehmen, mich um mein lang vernachlässigtes Äußeres zu kümmern. Die Kollegin aus der Friseurschule verpasst mir einen guten Schnitt, legt mir eine Dauerwelle, die ich mir zuletzt nicht mehr leisten konnte, lädt mich ein, jede Woche in die Werkstatt zu kommen, um mich von den Lehrlingen verschönern zu lassen, gratis. Nach der Schule darf ich ohne schlechtes Gewissen auf einen Kaffee oder auf einen Umtrunk mitgehen, ich muss mich bei meiner Mutter nicht entschuldigen, mein Kind weiß ich bei ihr in guter Hut. Als Gegenleistung kümmere ich mich in meiner Freizeit um Kind und kleinen Bruder, spiele und singe mit ihnen, füttere sie, lese ihnen stundenlang vor. Ich habe wieder eine Familie.

So werde ich ruhiger. Irgendwann werde ich meine Schulden – die Schulden meines Mannes – zurückgezahlt haben. Der Druck, jede angebotene Überstunde, jeden, wirklich jeden Kurs anzunehmen, ist nicht mehr vorhanden. Ich beginne zu überlegen, wann und in welchen Gegenständen ich eine Lehramtsprüfung ablegen kann, ich freue mich schon auf das Lernen, auf das Lesen, mein Kopf ist frei. Ich darf mich wieder freuen, darf eigene Gedanken haben, muss nicht nachfragen, wie wohl mein Mann über dies und jenes denkt.

Meine Geschwister Hella und Dieter haben Rollen in einem Krippenspiel übernommen, für das die evangelischen Schüler schon Anfang November in der alten Volksschule fleißig proben. Hella spielt, natürlich, die blaubemäntelte Jungfrau Maria mit einer Schildkrötpuppe als Jesuskind, Dieter ist ein Hirte. Die Spielleiterin, eine evangelische Religionslehrerin, sucht jemanden, der auf der Blockflöte ein Hirtenlied spielt – ob ich das nicht könnte? „Kommet, ihr Hirten", ganz leicht, nur ein „b". Notfalls beherrsche ich auch ein Fis, warum also nicht. Meine kleinen Geschwister sind mit Eifer bei der Sache, sie haben ihren Text brav gelernt, und ich bemühe mich, fehler-

frei über die Runden zu kommen. Ich fühle mich so geborgen in dieser heiteren Kindergruppe, die sich auf den Advent vorbereitet. Auch der Herr Pfarrer, ein ernsthafter Mann mit kugelrunder fröhlicher Ehefrau, schaut sich die Proben an. Ich kenne den Herrn Pfarrer, er besucht des öfteren meine Familie, wenn er in der Volksschule eine Freistunde hat – worauf ich Nichtgläubige mich meist zurückziehe. Ich möchte nicht missioniert, nicht schon wieder gedrängt werden.

Er drängt nicht, er missioniert nicht. Er merkt aber wohl, dass ich Fragen habe, Fragen, die mich quälen, die ich allein nicht beantworten kann. Er beantwortet diese Fragen, so gut er kann – behutsam, ohne zu urteilen, zu verurteilen. Zwar ist mein Kopf frei geworden, aber mein Herz, mein Gewissen ist immer noch schwer. Gibt es jemanden, der mich freisprechen kann von meinen Schuldgefühlen? Muss ich diesen belastenden Rucksack, diese Felsbrocken mein ganzes Leben mit mir tragen?

Seit meine Geschwister getauft und konfirmiert wurden, liegen Bibeln in unserem Haus, nicht mehr gar so häufig gebraucht, das ist wohl so üblich. Ich beginne zu lesen, beginne die Schrift zu lesen, wie ich meine Kriminalromane lese, von Anfang an, manchmal blättere ich vor zu den letzten Seiten, dann wieder zurück. Ich sperre mich in meinem Zimmer ein, um in Ruhe lesen zu können, und bin gefangen von der Sprache, von der Botschaft, die sich an mich richtet, an mich persönlich. Obwohl ich nie systematischen Religionsunterricht genossen hatte, erkenne ich vieles wieder – aus meinen freiwilligen Besuchen im katholischen Religionsunterricht des Gymnasiums, wenn das Wetter zu kalt war, um in dieser „Freistunde" im Park zu sitzen; aus den nächtlichen Gesprächen mit meiner Freundin Susi, mit dem katholischen Priester „Onkel Wolf", aus dem ergebnislosen Eintrittsunterricht beim Pfarrer Lappe. Die Puzzleteile fügen sich zu einem Ganzen, die glitzernden Steine des Kaleidoskops zu einem wunderbaren bunten Bild. Ich lese das Buch der Könige, das Buch der Richter, die Propheten, das Buch Ruth – ach, daher also stammt „Wo du hingehst, will auch ich hingehen, in deinem Grab will ich begraben sein…"! Wie falsch hatte ich dieses Zitat verstanden! Und ich lese, Zeile für Zeile, das Neue Testament, die wahrhaft frohe, mich froh machende Botschaft, und ich verstehe, dass da einer war und ist, der meine Schuld auf sich genommen hat. Er hat es für mich getan.

Ja, ich bin, allem äußeren Anschein nach, allein, und ich werde es lange bleiben. Aber ich wache, ich lese, ich bin im Gespräch, und gerade durch diese Erfahrungen nicht mehr allein.

Ich weiß nun, wohin ich gehöre. In der Adventszeit werde ich wieder in jene Kirche aufgenommen, zu der ich durch meine Taufe ja schon gehörte. Ich habe meine innere Ruhe, meine Heimat gefunden. Von nun an kann mir nichts mehr geschehen – „Das Alte ist vergangen, es ist alles neu geworden".

Epilog

Ein neuer Frühling ist es wieder geworden, nach einem kurzen, heftigen Winter. Sind nasse Sommer und trockene Winter schon Vorboten der drohenden globalen Klimakatastrophe? Ich möchte nicht daran denken, wenn ich den gelben Schlüsselblumenteppich vor meinem Fenster sehe, die Frühlingsknotenblumen und Veilchen, die zwischen unseren Wohnblöcken tapfer gegen die Rasenmäher kämpfen, die Palmkätzchen und stäubenden Erlenwürstchen. Frühmorgens und abends steht „Hale-Bopp", der leuchtende Komet, am Himmel, der wieder einmal einen Weltuntergang ankündigt, als ob sich diese Himmelserscheinung um uns ameisenkleine dumme Menschenkinder kümmerte. In den Osterferien habe ich meinen Enkelkindern bei sternklarem Himmel allabendlich den pfannkuchendicken Kometen mit dem Feuerschweif zeigen dürfen, den sie in der Großstadt wohl kaum beobachten können. Ein neuer Sommer ist es wieder geworden, der für den vergangenen, völlig verregneten Sommer wenigstens ein bisschen entschädigte. Die Schule hat begonnen, ein neuer Herbst kündigt sich an.

Um den Heiligengeistplatz gibt es einige Aufregung. Ein neuer Brunnen und alte Obdachlose, die die gerade aufgestellten Bänke in Besitz genommen haben, erregen den Anstoß von alten Ortsansässigen und neuem Bürgermeister. Der Brunnen wird zugeschüttet, die Unsteten suchen sich einen neuen Platz. Heiligengeistplatz – alles umsteigen. Heiligengeistplatz – kurzer Aufenthalt…

Der Sommer meines Lebens ist vorbei. Er war sehr groß, dafür bin ich dankbar. Manch himmelblauer, wolkenweißer Sommertag hat mich dennoch oft trauriger gemacht als ein verregneter, bleischwerer Herbsttag. Deshalb fürchte ich mich nicht mehr vor den Alleen, in denen die Blätter treiben.

… und wird in den Alleen hin und her
unruhig wandern, wenn die Blätter treiben.

Gedichte zum Vorlesen, Aufsagen, Rezitieren, Verändern, Kürzen, Verlängern, Verbessern, Variieren und Selberlesen.

Helga Duffek-Kopper
IN GEWISSER BEZIEHUNG
120 Seiten, zweifarb. Illustr., Pappband mit Schutzumschlag

Helga Duffek-Kopper
NEBENERSCHEINUNGEN
100 Seiten, Pappband mit Schutzumschlag
Anlass-, Weihnachts-, Silvester- und Geburtstagsgedichte, Gedichte für Feste und Gedanken im Jahreslauf.

Helga Duffek-Kopper
BEIPACK-TEXTE
112 Seiten, SW-Illustr., Pappband mit Schutzumschlag
Alte und neue Texte, gereimt und ungereimt, zu verschiedenen Anlässen, Jahreszeiten und Stimmungen.

Nanine

DU HOLDER SCHWAN – Erzählungen

In den zwölf Erzählungen geht es um die Veruntreuung der Treue und deren Folgen für Mensch und Gesellschaft.

Nanine

IM TRÄNENTAL – Gedichte

Nanine

WANDLAND – Roman

Es geht nicht nur um die „Verwandung“ des einzelnen, sondern auch um die Möglichkeiten seiner Wandlung. Ein symbolträchtiges Buch mit dem Motto: „Der Mensch braucht Zeit, um das zu finden, was immer schon da ist.“

Nanine

ACHT AUS VIELEN – Erzählungen

Acht Frauenschicksale aus sieben Jahrhunderten, acht Frauen aus unzählig vielen, deren Weg der Leser verfolgt, die an ihm vorübergehen.

Nanine

UNGEFÄHR – Roman

Es geht um Susanna, Sanna – einer aus zaghafter Verträumtheit und heftiger Lebenslust zur unbeirrbar Liebenden Heranreifenden. Wechselvoll ihr Weg, eindeutig aber ihre Suche nach dem eigenen Wesen, dem Sinn ihres Seins.

Nanine

HELL IST DIE NACHT – Gedichte